DU SÉNATUS-CONSULTE VELLÉIEN

ET DE

L'INCAPACITÉ

DE LA FEMME MARIÉE

EN DROIT FRANÇAIS

PAR

Eugène SALVAT

Avocat, Docteur en droit

PARIS

IMPRIMERIE ET LIBRAIRIE DE CHARLES NOBLET

18, RUE SOUFFLOT, 18.

1876

DU SÉNATUS-CONSULTE VELLÉIEN

ET DE

L'INCAPACITÉ

DE LA FEMME MARIÉE

EN DROIT FRANÇAIS

par

Eugène SALVAT

Avocat, Docteur en droit

PARIS

IMPRIMERIE ET LIBRAIRIE DE CHARLES NOBLET

18, RUE SOUFFLOT, 18.

1876

A MON PÈRE ET A MA MÈRE

DROIT ROMAIN

DU SÉNATUS-CONSULTE VELLÉIEN

OU DE

L'INTERCESSION DES FEMMES

Sources : Sentences de Paul, liv. II, tit. XI, *ad senatus-consultum Velleianum*. — Pandectes, liv. XVI, tit. I, *ad senatus-consultum Velleianum*. — Code de Justinien, liv IV, tit. XXIX, *ad senatus-consultum Velleianum*. — Novelles LXI, ch. I, et CXXXIV, ch. VIII.

INTRODUCTION.

Avant d'aborder l'étude de l'incapacité de la femme, en droit romain, au point de vue spécial de l'intercession, nous croyons utile de rappeler brièvement quelle était, à Rome, la condition de la femme à un point de vue général.

Les Romains, comme tous les autres peuples barbares ou au début de leur civilisation, traitèrent d'abord les femmes avec une grande rigueur. Dans les premiers siècles de Rome, la femme était dans un état de dépendance absolue; entièrement exclue de l'ordre public, elle ne jouissait dans l'ordre privé que d'une personnalité fort restreinte; soumise à la puissance paternelle, son mariage la faisait passer sous la *manus* de son mari. Devenait-elle indépendante, *sui juris, materfamilias*, elle ne devenait pas pour cela maîtresse d'elle-même; à la puissance paternelle ou à la *manus* succédait la tutelle perpétuelle des agnats, tuteurs inquiets et jaloux dont l'autorisation leur était nécessaire pour les moindres actes de la vie civile.

Aucune puissance n'était accordée à la femme sur ses enfants; elle commençait une famille qui s'éteignait avec elle. « Mulier autem familiæ suæ et caput et finis est » Ulpien. l. 195. § 5. *De verb. sign.*, D., 50, 16 .

Cette dépendance complète et perpétuelle était une conséquence de l'organisation de la puissance paternelle; à Rome le *paterfamilias* était investi d'une sorte de magistrature domestique qui ne pouvait appartenir à la femme.

Peu à peu, cependant, par le développement de la civilisation sociale, la condition des femmes tendit à s'améliorer; mais cette révolution s'accomplit lentement. Après une longue période de luttes entre les femmes aspirant à leur émancipation et les partisans de l'ancien droit, dont les résistances furent souvent victorieuses, la *manus* devint moins fréquente et finit par disparaître presque complétement. Le mari, au lieu de nommer un tuteur à sa femme, put lui donner l'*optio tutoris*, c'est-à-dire le droit de le choisir elle-même. La tutelle perpétuelle des femmes commença à s'affaiblir même sous la république. Les femmes purent, à l'aide de moyens ingénieux, se débarrasser de leurs tuteurs et les remplacer par d'autres plus dociles à leurs fantaisies. « Cum permulta præclare legibus essent constituta, » dit Cicéron dans son plaidoyer *pro Murena*, ch. XII. « ea jurisconsultorum ingeniis pleraque corrupta et depravata sunt. Mulieres omnes propter infirmitatem consiliis, majores in tutorum potestate esse voluerunt. Hi invenerunt genera tutorum qui potestate mulierum continerentur. »

Cet abandon des mœurs primitives fut sanctionné d'abord par Auguste, qui, dans la loi Papia Poppæa, dispensa de la tutelle les femmes ingénues lorsqu'elles avaient trois enfants, et les affranchies lorsqu'elles en avaient quatre. Vint ensuite la loi Claudia qui, sous l'empereur Claude, an 46 de J.-C., supprima la tutelle légitime des agnats (Gaius, C. I, § 157). Toute autre tutelle, sauf celle du père émancipateur et celle du patron, n'existait déjà plus que pour la forme. Cette forme même disparut dès Constantin, et la tutelle des femmes ne fut bientôt plus qu'un souvenir.

Débarrassées de la tutelle et de la *manus*, les femmes n'en restèrent pas moins frappées de certaines incapacités juridiques. C'est ainsi qu'elles ne pouvaient être instituées héritières, du moins dans certaines limites, d'après la loi Voconia, plébiscite rendu en l'an 585 de Rome, à l'instigation du vieux Caton. Avant les sénatus-consultes Tertullien et Orphitien, rendus, le premier sous Adrien, le second sous Marc-Aurèle, elles n'étaient pas admises à la succession de leurs enfants, et ceux-ci n'étaient pas admis à celle de leur mère. Elles étaient incapables d'exercer la puissance paternelle, la tutelle et la curatelle (ll. 16 et 18, *De tutelis*, D., 26. 1. Elles ne pouvaient ni adopter (Gaius, C. I, § 104, ni gérer aucune magistrature, ni être choisies pour juges, ni se porter accusatrices, si ce n'est dans certains cas exceptionnels (l. 8, pr., *De procurat.*, D., 3, 3), ni figurer, du moins comme demanderesses, dans un *judicium legitimum*, si ce n'est pour exercer la *dotis actio* (l. 8, *De procurat.*, D., 3, 3, et l. 22, §§ 4, 10 et 11. *Sol. matrim.*, D., 24, 3), ni, dans tous les cas, prendre la parole devant les juges. Elles ne pouvaient pas non plus être adrogées (Gaius, C. I, § 101), ni tester, aussi longtemps que le testament ne put se faire que *calatis comitiis*; et, plus tard, seulement à la condition d'avoir fait la *coemptio* (Gaius, C. I, § 115, A), ni figurer comme témoins dans une mancipation

Gaius, C. I, § 119), ou dans un testament (L. 20, § 6, *Qui test. fac. poss.*, D., 28, 1, et Inst., 2, 10, § 6), ni se rendre cessionnaires d'une créance, ni exercer l'office d'*argentarius* (L. 12 *De ed.*, D. 2, 13), ni intervenir en justice pour des tiers ou les y représenter en qualité de *procuratores* (Inst., 4, 13, § 11), ni enfin intercéder pour autrui.

Ce dernier point n'étant d'abord réglementé d'aucune manière, on se demandait si les femmes qui pouvaient faire librement des actes nuisibles à leurs intérêts, devaient également pouvoir intervenir dans les affaires d'autrui, et, par exemple, s'obliger pour un débiteur ou se porter caution. Pour faire cesser cette controverse, une disposition législative était nécessaire.

L'intercession de la femme pour son mari étant la plus dangereuse et la plus fréquente en pratique, c'est elle qui fut interdite la première. Dès le commencement de l'empire, Auguste défendit aux femmes d'intercéder pour leurs maris, prohibition qui fut renouvelée peu après par l'empereur Claude. Les édits de ces deux empereurs ne nous sont connus que par la mention d'Ulpien, reproduite aux Pandectes dans la loi 2, pr., D., XVI. 1.

Mais l'*intercessio* n'était pas encore interdite aux femmes d'une façon absolue. Aussi la question de savoir si elles pouvaient intercéder pour d'autres que pour leurs maris était vivement con

troversée. La jurisprudence maintint toujours sur
ce point l'incapacité absolue des femmes, malgré
le doute qu'on essayait d'élever pour les y soustraire; le sénatus-consulte Velléien ne tarda pas
à venir lui donner une confirmation solennelle.

C'est cette disposition, la dernière et la plus
importante de celles qui s'occupèrent de l'intercession des femmes, que nous allons étudier tout
spécialement.

CHAPITRE Ier.

DATE, TEXTE, MOTIFS ET BUT DU SÉNATUS-CONSULTE VELLÉIEN.

La date exacte du sénatus-consulte Velléien
n'est pas connue; aucun texte ne dit d'une façon
précise en quelle année il fut rendu. Si la loi 2, § 1,
D., h. t., nous donne les noms des deux consuls
Marcus Silanus et Velleius Tutor, qui en ont fait
la proposition au sénat, ces noms ne figurent pas
dans les fastes consulaires. Cependant ces fastes
désignent pour l'année 46, sous le règne de Vespasien, les consuls Junius Silanus et Velleius
Rufus. Bien que les noms de ces deux consuls
diffèrent sensiblement de ceux que nous donne
Ulpien dans la loi 2, § 1, il existe entre eux une
certaine ressemblance qui nous permet de croire

que ce sont bien là les auteurs du sénatus-consulte qui prit le nom de l'un d'eux. Nous le
croyons d'autant plus volontiers que, d'après les
textes, la date du sénatus-consulte se trouve nécessairement renfermée entre l'année 41, dans
laquelle eut lieu l'avénement de l'empereur
Claude, et l'année 79, date de la mort de Vespasien. D'une part, en effet, Ulpien nous dit dans
la loi 2, pr., D., h. t. : « *Et primo quidem tem-
poribus divi Augusti, mox deinde Claudii, edicto
corum erat interdictum ne feminæ pro viris suis
intercederent,* » et il ajoute, dans le § 1 de la
même loi : « *Postea factum est senatus-consultum.* » D'autre part, la loi 16, § 1, D., h. t.,
nous montre que le jurisconsulte Gaius Cassius
a répondu à son sujet, et la loi 2, § 47, *De orig.
juris.*, 1. 2, nous apprend que ce jurisconsulte
mourut sous Vespasien.

Ainsi donc notre sénatus-consulte, postérieur
à Claude, est antérieur à Vespasien, et nous
sommes portés à le placer en l'année 46, sous le
règne du premier de ces deux empereurs, qui fut
l'auteur de plusieurs autres dispositions législatives concernant les femmes, « auxquelles, dit
M. Troplong, on cherche à reprendre par les lois
une partie de ce que les mœurs avaient enlevé à
leur antique dépendance [1]. »

<hr>

1. M. Troplong, *Du cautionnement* n° 15?

Ulpien, dans la loi 2, § 1, D., h. t., donne le texte du sénatus-consulte Velléien :

Quod Marcus Silanus et Velleius Tutor consules, verba fecerunt de obligationibus fœminarum, quæ pro aliis reæ fierent, quid de ea re fieri oportet, de ea re ita consuluerunt : quod ad fidejussiones et mutui dationes pro aliis quibus intercesserint fœminæ pertinet, tametsi ante videtur ita jus dictum esse ne eo nomine ab his petitio neve in eas actio detur, cum eas virilibus fungi, et ejus generis obligationibus obstringi non sit æquum, arbitrari senatum recte atque ordine factum, ad quos de ea re in jure aditum erit si dederint operam ut in ea re senatus voluntas servatur.

Attendu que Marcus Silanus et Velleius Tutor, consuls, nous ont entretenus des obligations des femmes qui se constitueraient débitrices pour d'autres, et de ce qu'il faut faire à ce sujet, nous y avons ainsi statué après délibération : en ce qui touche les fidéjussions et les emprunts pour d'autres par lesquels les femmes auraient intercédé, bien que déjà auparavant le droit semble avoir été fixé en ce sens que l'on ne donne contre elles à ce titre ni action réelle, ni action personnelle, parce qu'il n'est pas juste que les femmes remplissent des charges viriles et soient liées par des obligations de ce genre, le sénat croit cependant devoir décider que ceux devant qui on se présentera en justice en pareil cas, agiront sagement et régulièrement s'ils veillent à ce que sur ce point la volonté du sénat soit observée.

La rédaction de ce sénatus-consulte manque un peu de la clarté et de la précision habituelle aux dispositions que nous ont transmises les jurisconsultes romains. Remarquons que c'est bien

moins une innovation législative que la constata-
tion d'une jurisprudence établie, « ita jus dictum
esse videtur, » et une règle de conduite que le
sénat trace pour l'avenir aux magistrats chargés
de rendre la justice.

Ce qui se dégage très-nettement du sénatus-
consulte, c'est la défense faite aux femmes d'intercéder pour autrui ; il n'y est parlé, il est vrai,
que des fidéjussions et des emprunts : « Quod ad
fidéjussiones et mutui dationes pro aliis, quibus
intercesserunt feminæ, pertinet..... » Mais nous
verrons dans la suite que ces expressions doivent
être généralisées, et qu'elles comprennent tous
les autres actes par lesquels les femmes s'obligent
pour autrui (ll. 1, pr., et 2, § 4, D., h. t., et
Sent. de Paul. l. II, tit. XI, n° 1).

Le sénatus-consulte Velléien s'applique à toutes les femmes sans distinction, quel que soit leur
rang, quelle que soit leur fortune. « Feminis om-
nibus subventum est sine discrimine » (Ulpien.
l. 2, § 1, D. h. t.). Il est bien entendu qu'il ne
s'agit ici que des femmes capables de s'obliger.
Quant aux filles non encore nubiles, quant aux
femmes même nubiles qui sont en tutelle, il eût
été superflu de s'en occuper, puisqu'elles ne sont
dans aucun cas capables de s'obliger. Le sénatus-
consulte s'applique, au contraire, à toutes les
femmes *sui juris*, nubiles, mariées ou non, qui
ne sont pas *in tutela* ou *in manu* ; et, prenant part

dans une question très-débattue, nous dirons qu'il s'applique aussi à la *filiafamilias*. qui, d'après M. de Savigny et M. Demangeat (1), est tout aussi capable de s'obliger que le fils de famille.

Par suite du sénatus-consulte Velléien. la femme romaine se trouve frappée d'une incapacité considérable, il nous reste à rechercher, avant d'aborder l'étude de notre sujet, quels sont les motifs de cette incapacité, et dans quel esprit le sénatus-consulte Velléien a été rendu.

Les commentateurs sont loin d'être d'accord sur ce point. Les uns, cherchant les précédents historiques de cette incapacité dans les édits d'Auguste et de Claude, rendus au profit des femmes et dans l'intérêt de leur dot, la font reposer exclusivement sur une idée de protection et de faveur (2). Les autres, tombant dans l'excès contraire, repoussent toute idée de faveur et de protection, et, croyant trouver l'origine de cette incapacité dans le principe traditionnel qui excluait les femmes de tout office civil, soutiennent que la défense d'intercéder repose sur un motif purement politique, et que le sénatus-consulte doit être interprété

---

(1) M. de Savigny, *Traité de droit romain*, t. II, app. 5. M. Demangeat, *Cours de droit romain*, t. II. De izat. sup. Conf. M. Ortolan, n° 1302

(2) Vinnius, *Selectæ juris quæstionum*. liv. I, chap. XVIII. — Merlin, *Répertoire de jurisprudence*, v° Sénatus-consulte Velléien, § 1er, I.

comme étant établi non en faveur des femmes, mais contre elles (1).

Sans admettre ni l'un ni l'autre de ces deux systèmes opposés et trop exclusifs, nous croyons que, pour avoir une notion exacte et complète de l'esprit du sénatus-consulte, il faut accepter à la fois les deux ordres d'idées que nous venons d'exposer. L'examen des textes nous permettra, du reste, de justifier notre proposition.

A la simple lecture du sénatus-consulte nous pouvons constater tout d'abord, qu'en le rendant, le sénat a obéi à une pensée politique. Nous y lisons en effet : « *Cum eas virilibus officiis fungi et ejus generis obligationibus obstringi non si æquum.* » Ajoutons à cette phrase déjà assez probante par elle-même, la loi 1, § 1, D., h. t., où on lit : « *Nam sicut moribus civilia officia adempta sunt fœminis;* » la loi 2, *De regulis juris*, D..50. 17, nous montre que les mots *officia civilia* sont plus étendus que les mots *officia publica*, car elle défend aux femmes les *civilia officia* et les *publica officia*. La loi 1, § 5, *De postulando*, D., 3, 1. dit encore : « *Ne contra pudicitiam sexui congruentem alienis causis se immisceant : ne virilibus officiis fungantur mulieres.* » Et nous retrouvons encore la même idée dans les lois 12. § 2, *De ju-*

1) Cujas, Doneau, Pothier, Troplong, *Cautionnement*, n° 126, 151. M. Gide, *Étude sur la condition privée de la femme*, liv. I, ch. V, p. 156.

ditis, D., 3, 1 ; 21, *De procuratoribus*, C., 2, 13 ; et 6. *De arbitriis receptis*, C., 2, 56.

A ces différents textes, dans lesquels l'idée politique est évidente, nous pouvons en opposer d'autres desquels ressort clairement l'idée de protection. Les deux principaux textes où cette idée est exprimée sont les §§ 2 et 3 de la loi 2, D., h. t., dans lesquels Ulpien nous dit : « Opem tulit mulieribus propter sexus imbecillitatem.... Deceptis mulieribus opitulatur... Infirmitas fœminarum auxilium meruit. » Le § 3 de cette loi nous fournit encore un autre argument, car il dit : « Deceptis mulieribus, non decipientibus, opitulatur,... » et plus loin : « Infirmitas fœminarum non calliditas auxilium meruit. » On a voulu venir en aide à la faiblesse de la femme, et non à sa mauvaise foi. C'est donc bien qu'on a voulu la protéger, puisque, dès que par sa mauvaise foi elle cesse d'être digne de cette protection, on lui enlève le secours du sénatus-consulte. Citons encore la loi 1, pr., *De minoribus*, D., 4, 4.

En résumé, d'un côté, idée politique ; de l'autre idée de protection, tels sont les motifs qui, selon nous, ont poussé le législateur romain à défendre aux femmes d'intercéder pour autrui. Nous verrons d'ailleurs, dans le cours de cette étude, que si la loi défend aux femmes d'intercéder pour autrui, c'est-à-dire de se lier par des engagements dont l'exécution pourra être plus tard réclamée contre

elles, elle leur permet au contraire de faire des
actes importants, une libéralité, l'abandon d'une
garantie, qui pourront porter atteinte à leur fortune, si cette atteinte est actuelle. Et, si on s'é-
tonne de ce semblant d'anomalie, si on se demande pourquoi d'un côté la prohibition, de
l'autre la permission, quand il s'agit, dans les
deux cas, d'actes préjudiciables de leur nature,
nous répondrons qu'on se laisse aller plus facilement à promettre pour l'avenir qu'à faire des sa-
crifices réels dont on apprécie mieux la valeur,
parce qu'on en ressent immédiatement le préjudice (1). « Facilius se obligat mulier quam alicui
donat, » dit Ulpien à la loi 4, § 1, D., h. t. Vinnius exprimait la même idée en disant : « Ut est
sexus avarus quidem non prospiciens damnum
quod ante oculos positum non est » (*Selectæ juris
quæstionum*, liv. 1, ch. XLVIII).

CHAPITRE II.

DE L'INTERCESSIO.

Le sénatus-consulte Velléien défend aux femmes
de s'obliger pour autrui soit par *intercessio* proprement dite, soit par *mutui datio* : « Quod ad fi-

(1) Conf. M. Demangeat, *Cours de droit romain*, t. II, p. 273.
M. Laboulaye, *Condition des femmes*, p. 72.

dejussiones et mutui dationes pro aliis pertinet. »
Il nous faut maintenant aborder la partie importante de notre sujet, c'est-à-dire l'*intercessio*,
et rechercher de combien de manières elle peut
avoir lieu. Tel sera le but de la première section
de ce chapitre. Dans la section suivante nous dirons quelques mots de la *mutui datio*.

SECTION I.

DÉFINITION DE L'INTERCESSIO. — DE COMBIEN DE MANIÈRES ELLE PEUT AVOIR LIEU.

« *Intercedere*, dit M. Ortolan, c'est s'obliger vo-
lontairement pour la dette d'un autre, soit de
manière à le libérer immédiatement, soit en restant obligé avec lui et pour lui (1). »

Il y a *intercessio*, au point de vue particulier qui
nous occupe, lorsqu'une femme intervient, sans
y avoir un intérêt personnel, entre le créancier
et le débiteur pour garantir à l'un le paiement de
la dette de l'autre, en obligeant sa personne ou
ses biens envers lui de quelque manière que
l'obligation soit contractée. « Omnis omnino obligatio senatus-consulto Velleiano comprehendi-
tur, sive verbis, sive re, sive quocumque alio contractu intercesserint » (Ulpien, l. 2. § 4, D., h. t.).

(1) M. Ortolan. *Explication historique des Instituts.* t. III,
livre III. t. XX. p. 212.

Cette définition nous permet d'énumérer les caractères essentiels de l'*intercessio*.

Pour qu'il y ait *intercessio*, il faut :

1° Que celui qui veut intercéder traite avec le créancier ;

2° Qu'il oblige envers lui sa personne ou sa chose ;

3° Qu'il garantisse ou prenne à sa charge l'obligation d'un tiers ;

4° Qu'il n'ait pas d'intérêt personnel à intercéder ; qu'en prenant sur lui la dette d'autrui il ne fasse pas au fond sa propre affaire ;

5° Qu'il ne s'oblige pas *animo donandi* de manière à libérer le débiteur.

Les cas d'*intercessio* sont nombreux ; différentes méthodes ont été adoptées pour leur classement par les jurisconsultes anciens et modernes.

La science allemande reconnaît deux sortes d'intercessions (1).

Il y a *intercessio privative* lorsque l'intercédant est obligé au lieu et place du débiteur primitif. qui se trouve libéré.

Il y a *intercessio cumulative* lorsque l'intercédant s'est obligé concurremment avec le débiteur originaire. Elle est *principale* quand le créancier peut à son choix poursuivre comme son débiteur principal l'intercédant ou le débiteur primitif :

(1) Voir, entre autres, M. de Vangerow. *Lehrbuch der Pandekten*, 6e édition, 1856, t. III, § 577, in fine.

accessoire quand le créancier ne peut poursuivre l'intercédant que subsidiairement et après avoir poursuivi le débiteur originaire.

Nous n'avons pas cru devoir passer cette division sous silence, bien que nous n'ayons pas l'intention de nous y arrêter. Si ingénieux que puissent être ces points de vue, nous ne voyons aucun profit à remplacer les idées des jurisconsultes romains par celles des romanistes de l'Allemagne moderne, et nous préférons à la méthode allemande celle de nos maîtres, Cujas, Doneau et Pothier, qui se contentaient de chercher dans les textes ce qu'y ont mis les jurisconsultes romains.

La femme intercède tantôt en prenant à sa charge, seule ou concurremment avec le débiteur originaire, une obligation préexistante, tantôt en créant une obligation nouvelle, c'est-à-dire en prenant *ab initio* la place de celui qui devait devenir débiteur. Ce sont ces deux formes d'*intercessio* que distingue le sénatus-consulte par ces mots : « Fidejussiones et mutui dationes pro aliis. » Nous les trouvons encore très-nettement indiquées dans les lois 8, § 1, D., 4 et 18, C., h. t.

On peut intercéder de cinq manières principales :

1° En se portant *adpromissor*, c'est-à-dire en s'obligeant *verbis* accessoirement à un obligé principal dont on garantit la dette en qualité de *correus debendi.*

Dans l'ancien droit, il y avait trois sortes d'*ad-promissores :* le *sponsor,* le *fidepromissor* et le *fide-jussor* (Gaius, Comment. III, § 115). Nous n'avons point à examiner ici les raisons pour lesquelles la *fidejussio,* à cause de sa supériorité sur la *sponsio* et la *fidepromissio,* avait fini par les remplacer : rappelons seulement que, dans le droit de Justinien, le *sponsor* et le *fidepromissor* avaient disparu et qu'il ne restait plus que le *fidejussor* (Inst. de Just., livre III, t. XX).

2° En se portant *expromissor.* L'*expromissio* est une novation par changement de débiteur, c'est un acte par lequel une personne s'oblige *verbis* au lieu et place de l'obligé principal, qui, par là, se trouve libéré (Inst. de Just., livre III, t. XXIX, § 3).

Prise dans un sens général, l'*expromissio* comprend non-seulement cette espèce de novation qui a lieu quand l'intercédant se présente spontanément et sans mandat du débiteur primitif, mais encore :

La *délégation,* qui suppose un mandat donné à l'intercédant par l'ancien débiteur, et qui se fait soit par stipulation, soit au moyen de la *litis con-testatio.* « Vel per stipulationem, vel per litis con-testationem » (Ulpien, l. 11, *De nov. et deleg.,* D., 46, 2).

La *defensio pro alio,* qui a lieu lorsque l'inter-cédant se présente en justice pour jouer le rôle de défendeur au lieu et place du débiteur, et courir ainsi les chances de la condamnation. Ulpien, dans la loi 2, § 5, D., h. t., nous dit positivement qu'il y a là une *intercessio* : « Sed etsi mulier defensor alicujus exstiterit, procul dubio intercedit, » et il ajoute un peu plus loin dans la même loi : « quippe cum ea re subeat condemnationem... » Pomponius, dans la loi 23, *De solut. et liber.*, D., 46, 3, nous dit aussi : « Solutione vel judicium pro nobis accipiendo, et inviti et ignorantes liberari possumus. »

La réponse à une *interrogatio in jure*, par laquelle une personne, se chargeant de la dette d'une autre, se trouve débitrice et exposée à des poursuites à la place du débiteur. Nous en trouvons des exemples dans les lois 23 et 26, D., h. t. Ces cas présentent beaucoup d'analogie avec la *defensio pro alio*.

Le *compromis*, fait par quelqu'un au nom d'un autre au lieu et place duquel il se trouve obligé (l. 32, § 2, *De receptis*, D., 4, 8).

3° En se portant *mandator credendæ pecuniæ*, c'est-à-dire en donnant mandat à quelqu'un de prêter de l'argent à un tiers, cas auquel on est responsable envers le mandataire du remboursement à faire par le tiers (l. 32, *Mand.*, D. 17, 1).

4° En faisant un pacte de constitut *pro alio;* c'est-à-dire, en s'engageant par un simple pacte à payer la dette d'autrui. Ici le débiteur primitif n'est pas déchargé (l. 28, *De pec. constit.*, D., 13, 6 et l. 15, *De in rem verso*, D., 15, 3), et, avant la Novelle 4, ch. I, le créancier pouvait, à son choix, exercer des poursuites contre lui ou contre le constituant. Nous croyons que, depuis cette Novelle, le constituant a dû être assimilé au fidéjusseur et au *mandator credendæ pecuniæ*, et jouir comme eux du bénéfice de discussion. Dans une autre opinion on distingue deux classes de constitut. et on n'admet le bénéfice de discussion que dans le cas où, l'engagement du constituant ne différant sous aucun rapport de celui du premier débiteur, le constitut n'a d'autre but que de donner une sûreté au créancier; dans tous les autres cas on rejette l'application de la Novelle. Une pareille distinction nous paraît tout à fait arbitraire, et nous n'hésitons pas à la rejeter en présence des termes si précis de la Novelle 4, ch. I, qui accorde le bénéfice de discussion d'une manière générale dans tous les cas de constitut.

5° En engageant ou en hypothéquant sa chose pour sûreté de la dette d'autrui. Bien que, dans cette hypothèse, on engage sa chose et non sa personne, bien qu'on ne soit tenu que *propter rem*, tout le monde s'accorde à voir là une véritable *intercessio*. Mais il faut remarquer que l'intercédant pourra toujours forcer le créancier à discuter le débiteur principal avant de recourir contre lui.

SECTION II.

DE LA MUTUI DATIO.

Dans les différents modes d'intercéder que nous venons d'énumérer, la femme prend à sa charge une obligation préexistante. Nous avons dit que la femme pouvait encore intercéder d'une autre façon indiquée dans le sénatus-consulte par les mots « mutui dationes pro aliis. »

D'après Accurse, il y a *mutui datio* lorsque la femme « a dante mutuum accepit quod alius erat accepturus. » La femme s'interpose de cette manière lorsqu'elle prend dans un contrat la place de celui qui allait emprunter, et semble emprunter pour elle-même en empruntant pour lui (l. 8, § 14, D., h. t.). En réalité, bien que le tiers ne figure pas au contrat, c'est lui et non la femme qui retirera le bénéfice de l'opération.

Un certain nombre de lois (4, pr., 8, §§ 14 et 15; 11, 12, 27, 28, § 1; 29, pr., D., h. t.; 4, 4 et 19, C., h. t.) suppose ce genre d'*intercessio* de la femme, qui consiste dans l'engagement initial et non accessoire qu'elle prend dans l'intérêt d'autrui.

Tout ce que nous dirons dans la suite s'appliquera aussi bien à la *mutui datio* qu'à l'*intercessio* proprement dite. Remarquons toutefois que, si le créancier était de bonne foi, s'il ignorait l'intention où était la femme d'intercéder pour autrui en empruntant, le sénatus-consulte ne pourrait lui être opposé. Sans cela, dit avec raison la loi 11, « nemo cum fœminis contrahet. » Ainsi, il est bien entendu que l'opération ne devient une *intercessio* que par la collusion du créancier, dont la bonne ou la mauvaise foi devra être prise en considération quand il s'agira d'appliquer le sénatus-consulte.

CHAPITRE III.

APPLICATION DU SÉNATUS-CONSULTE.

Nous avons déterminé, dans le précédent chapitre, les deux genres d'obligations défendues à la femme par le sénatus-consulte Velléien : l'*intercessio* proprement dite, et la *mutui datio*.

Laissant de côté cette distinction, et confondant ensemble tous les cas où il y a *intercessio*, nous allons examiner successivement et en détail chacune des cinq conditions qu'un acte doit remplir pour tomber sous le coup du sénatus-consulte.

Ces cinq conditions que nous avons déjà énumérées sont :

1° Que celui qui veut intercéder traite avec le créancier ;

2° Qu'il oblige envers lui sa personne ou sa chose ;

3° Qu'il garantisse ou prenne à sa charge l'obligation d'un tiers ;

4° Qu'en s'obligeant il ne fasse pas sa propre affaire ;

5° Qu'il ne s'oblige pas *animo donandi*, dans l'intention de libérer le débiteur.

Chacune de ces cinq conditions fera l'objet d'une section particulière, où nous étudierons les textes dans lesquels se retrouvera la condition faisant l'objet de la section, et ceux dans lesquels cette condition fait défaut.

SECTION I.

LA FEMME A TRAITÉ AVEC LE CRÉANCIER.

La première condition nécessaire pour qu'il y ait *intercessio*, c'est que la femme qui veut s'obliger traite avec le créancier.

Le sénatus-consulte Velléien défend à la femme d'intercéder, et cette défense s'applique indépendamment de la qualité du créancier envers lequel a lieu l'*intercessio*.

Ainsi, la loi 6, § 2, C., h. t., nous montre que la femme ne peut s'obliger envers un pupille pour son tuteur. « Si vero tutores petiit et sponte periculum suscepit : quominus teneatur, auctoritas eam juris tuetur. » Elle pourra donc opposer l'exception du sénatus-consulte Velléien au pupille quand celui-ci viendra lui réclamer ce qu'il n'aura pu obtenir de son tuteur. Mais, d'après la loi 3, *Si mat. indem. prom.*, C., 5, 46, elle serait tenue malgré le sénatus-consulte, s'il était intervenu un décret du préteur, constatant que le tuteur est donné à ses risques et périls.

La loi 12, *De minoribus*, D., 4, 4, nous montre que l'*intercessio* de la femme est encore nulle si elle s'oblige envers un mineur de vingt-cinq ans. Elle le repoussera par l'exception du sénatus-consulte sans que cela lui préjudicie, puisqu'on lui rend son action contre le débiteur principal. Toutefois, la fin de cette loi 12 contient une restriction à ce droit donné à la femme de repousser, par l'exception du sénatus-consulte, l'action du mineur envers lequel elle s'est engagée. « Hæc, si solvendo sit prior debitor, alioquin mulier non utetur senatus-consulti auxilio. » Pour empêcher le mineur de faire une perte, dans le cas où le débiteur principal serait insolvable, on a admis une exception au sénatus-consulte ; la femme restera tenue de son obligation envers le mineur, quoique cette obligation soit une *intercessio*. ·

Enfin, la femme ne peut s'obliger envers un esclave. Papinien nous en donne un exemple dans la loi 27, § 1, D., h. t. Il suppose dans ce text e que des esclaves préposés à un commerce ont accepté une femme pour débitrice à la place d'un tiers avec lequel ils contractaient. Le maître acquiert du chef de ses esclaves une action contre la femme, mais, s'il veut agir contre elle, elle le repoussera au moyen de l'exception du sénatus-consulte. Papinien fait remarquer que cette solution n'est nullement contraire au principe posé dans la loi 133, *De regulis juris*, D., 50, 17, et d'après lequel « melior conditio nostra per servos fieri potest, deterior fieri non potest. » Car, dans l'espèce, la condition du maître n'est pas rendue pire; il ne perd rien, il manque seulement de s'enrichir. Sa position est la même que si son esclave avait acheté un fonds litigieux ou un homme libre.

Les §§ 4 et 2 de la loi 19, D., h. t., contiennent des hypothèses qu'il est intéressant de comparer. Dans l'un de ces paragraphes nous verrons qu'il y a *intercessio*, parce que les cinq conditions exigées se trouvent réunies; dans l'autre, au contraire, nous trouverons une hypothèse semblable, mais dans laquelle cependant il n'y a pas lieu d'appliquer le sénatus-consulte, car on n'y trouve pas la première condition exigée, celle dont nous nous occupons spécialement dans cette section.

Le § 4 de cette loi 19 suppose que quelqu'un fait adition d'hérédité sur la promesse que lui fait une femme de lui payer ce qu'il n'aura pu obtenir des débiteurs du défunt, « ut quanto minus a quo-

quo eorum servari posset, ipsa præstaret. » Bien que certains auteurs, se basant sur les derniers mots du paragraphe, aient prétendu qu'il n'y avait pas *intercessio*, il faut dire qu'il y a là une véritable *intercessio*, car la femme s'oblige pour les débiteurs du défunt envers l'héritier qui est leur créancier ; nous trouvons donc réunies les trois personnes nécessaires à la formation d'une *intercessio* : un créancier, un débiteur, et une tierce personne s'engageant pour le débiteur envers le créancier.

Le § 2 de cette même loi contient une hypothèse qui, bien que semblable à la précédente, ne remplit pas les conditions nécessaires pour qu'il y ait *intercessio*. Ce que la femme a promis à l'héritier, ce n'est plus, comme dans le § 4, de lui payer ce qu'il n'aura pu obtenir des débiteurs du défunt, mais c'est de l'indemniser de tout ce qu'il aura à payer aux créanciers héréditaires au delà de ce qu'il recevra des débiteurs du défunt. Bien qu'on puisse être tenté de soutenir que la femme s'est en quelque sorte chargée de l'obligation des débiteurs héréditaires, on ne peut pas dire qu'il y ait là une *intercessio* ; car elle n'a pas eu l'intention d'intervenir pour eux : «Quasi quodammodo eorum obligationes mulier susceperit. Magis autem est ut ne ob hanc quidem causam senatus-consultum locum habeat : quando non ea mente fuerit ut pro his intercederet. » Ce que la femme a voulu, c'est simplement garantir l'héritier contre l'insolvabilité des débiteurs de la succession. Elle s'engage envers l'héritier dans son intérêt à lui-même, et non envers les créanciers héréditaires, il n'y a donc pas *intercessio*.

Nous trouvons encore dans notre titre un certain nombre de textes dans lesquels il n'y a pas *intercessio*, parce que la femme s'oblige sans que le créancier intervienne. C'est ainsi que la loi 32, pr. D., h. t., considère, comme n'intercédant pas, une femme qui a accepté une hérédité même onéreuse sans l'intervention des créanciers héréditaires. « Vix est ut ei succurrere debeat. » Et le texte ajoute : « Nisi si fraude creditorum id conceptum sit. » Car on trouverait dans ce cas l'intervention du créancier qui manque dans la première partie de l'hypothèse.

Les lois 13 pr. et 19, § 3, D., h. t., donnent la même solution dans des hypothèses analogues. Il s'agit dans ces deux lois d'une femme qui achète une hérédité ; elle ne traite pas avec le créancier, et par conséquent l'acte qu'elle accomplit ne constitue pas une *intercessio*. « Nulla dubitatio erit, dit Africain, quin senatus-consulto locus non sit : etiamsi maxime creditoribus aliquantum præstiterit. » Ces deux lois ne font pas la distinction que nous avons trouvée dans la loi 32, pr., relativement à la fraude des créanciers ; il semble cependant certain qu'on doit l'adopter et dire qu' y aura *intercessio* si l'achat d'hérédité fait par la femme a été déterminé par les manœuvres frauduleuses des créanciers de la succession.

Nous trouvons enfin un nouvel exemple dans la loi 19, pr. D., h. t. Africain suppose qu'un tuteur décède en instituant Titius pour héritier. Celui-ci hésite à faire adition d'hérédité, car il pense que la tutelle a été mal gérée et craint d'être soumis à l'action *tutelæ directa*. La mère du pupille lui persuade de faire adition à ses risques et périls ; il le fait et stipule de la mère qu'elle l'indemnisera de tout ce qu'il pourra avoir à payer à raison de la tutelle. Si, par suite de l'acceptation de la succession, il se trouve avoir quelque chose à payer au pupille, il pourra recourir contre la mère qui ne sera pas protégée par l'exception du sénatus-consulte Velléien, « quando vix sit ut aliqua apud eumdem pro eo intercessisse intelligi possit. » On ne peut intercéder envers une personne pour cette même personne, l'*intercessor* doit être *inter duos veluti medius quidam*.

SECTION II.

LA FEMME OBLIGE SA PERSONNE OU SES BIENS.

La seconde condition exigée pour que l'acte de la femme constitue une *intercessio*, c'est que par cet acte elle oblige sa personne ou ses biens.

Il ne suffirait pas, remarquons-le, pour qu'il y ait une *intercessio*, que la femme fasse une remise de gage; la loi 8, pr. D., h. t., nous dit, en effet, « redditionem pignoris..... non esse intercessionem. » Il n'y a pas davantage *intercessio* si la femme renonce à une hypothèque (l. 21, C., h. t.), quand bien même, dit la loi 11, C., h. t., le débiteur serait le mari, et quand bien même le mariage subsisterait encore ; une pareille renonciation, d'après Papinien, ne constituerait même pas une donation entre époux (l. 18, *Quæ in fraud. cred.*, D., 42, 8).

Mettons en regard de la loi 8, pr., la solution de la loi 17, § 1, D., h. t., qui pourrait paraître contradictoire au premier abord.

L'extrême concision de ce texte en rend l'explication assez difficile. Africain suppose qu'une femme divorcée d'avec son mari a reçu de lui un fonds de terre pour garantir la restitution de sa dot et une autre créance qu'elle a contre son mari, à raison d'un prêt d'argent qu'elle lui a fait. Le mari, voulant emprunter une nouvelle somme, et n'ayant pas d'immeubles à donner en gage au créancier, celui-ci s'adresse à la femme qui lui déclare qu'en effet le fonds lui garantit la restitution de sa dot, sans ajouter qu'il garantit aussi une créance d'argent prêté. Le créancier, après avoir fait restituer à la femme ce qui lui est du *dotis nomine*, reçoit en gage, pour garantir sa propre créance, l'immeuble qu'il croit libre. Mais la femme intente plus tard contre lui l'action Servienne, en raison de sa créance d'argent prêté à son mari; le créancier lui oppose l'exception tirée de la convention de gage à laquelle elle a elle-même pris part, *si non voluntate ejus pignus datum esset*. La femme pourra-t-elle lui répondre par la réplique tirée du S.-C. Velléien? Non, d'après Africain, car ici elle a trompé le créancier en lui cachant que le fonds garantissait une autre créance que celle de sa dot; elle le pourrait, au contraire, si le créancier avait eu connaissance du prêt dont l'immeuble garantissait la restitution, « nisi creditor scisset alienam pecuniam ei deberi. » Mais, dans tous les cas, il y a *intercessio*, puisque si on refuse la réplique à la femme, c'est seulement à cause de sa mauvaise foi.

Comment se fait-il donc qu'on puisse dire qu'il y a *intercessio* dans cette hypothèse, quand le pr. de la loi 8 nous dit « redditionem pignoris..... non esse intercessionem? » C'est qu'ici la femme n'a pas simplement sacrifié son droit de gage, ce qu'elle eût pu faire sans contrevenir au S.-C.; elle a consenti à ce que ce droit de gage qu'elle avait sur le fonds de son mari soit primé par celui d'un autre créancier; en d'autres termes, elle a fait un *pactum de postponendo*. Or, ce pacte constitue bien une *intercessio*, puisque la femme s'oblige à ne pas user de son droit à l'encontre du créancier, et s'il y a *intercessio*, on ne peut pas dire que nos deux lois sont en contradiction.

Cette distinction subtile au premier abord s'explique facilement; les motifs sont les mêmes que ceux qui font permettre à la femme de faire en faveur d'un tiers un sacrifice actuel même considérable, tandis qu'on lui interdit de prendre pour l'avenir, en faveur des tiers, des engagements, quelle que soit leur importance. En abandonnant son droit de gage, elle fait un sacrifice évident, sacrifice dont elle peut facilement et immédiatement se rendre compte; en faisant au contraire un *pactum de postponendo*, elle contracte une obligation dont elle ne peut mesurer toute la portée; elle peut se faire illusion et croire qu'elle n'éprouvera aucun préjudice, parce que le gage lui sera encore une garantie même après avoir servi à désintéresser le créancier. Nous avons déjà dit que le but du S.-C. Velléien a été de prémunir la femme contre un danger de cette nature. C'est dans le même esprit que la loi Julia permettait l'aliénation du fonds dotal si la femme y consentait, tandis qu'elle s'opposait à ce qu'il pût être hypothéqué même avec son consentement (Inst. de Just., liv. II, 2, 8, pr.)

Nous allons parcourir maintenant une série d'hypothèses dans lesquelles il n'y a pas *intercessio*, parce qu'elles ne renferment pas la seconde condition nécessaire à l'existence de toute *inter-cessio*, à savoir, que la femme ait obligé sa personne ou ses biens.

Si une femme emprunte de l'argent pour faire une donation à quelqu'un, il n'y a pas *interces-sio*, « senatus-consultum obligatæ mulieri succurrere voluit, non donnait, » dit la loi 4, § 1. D., h. t.; et la loi 21, § 1, D., h. t., donne la même décision : « Si quid liberaliter fecerit, non erit tuta senatus-consulto, oneribus enim earum senatus succurrit. » Il en serait de même si elle agissait non pas *animo donandi*, mais en qualité de *nego-tiorum gestor* ou de mandataire. Elle peut, sans être obligée, payer la dette d'autrui (loi 1, C., h. t.), et dans ce cas, « intercessione cessante, repetitio nulla est. » Elle peut aussi, d'après la loi 4, C., h. t., sans pour cela qu'il y ait *intercessio*, vendre ses biens pour payer les dettes de son mari, « si prædia tuaannis major viginti quinque vendidisti, et pro marito pecuniam solvisti, deficit auxilium senatus-consulti. » La femme peut donc payer la dette d'autrui, et peu importe qu'elle fasse un paiement ou une *datio in solutum;* elle peut même déléguer son acheteur au créancier d'autrui (ll. 5 et 8, § 5, D., h. t.) : « mulier enim per senatus-consultum relevatur, non quæ dimi-nuit restituitur. »

La loi 5 nous dit que la femme peut déléguer son acheteur au créancier d'autrui, sans qu'il y ait *intercessio;* la loi 32, § 2, D., h. t., dans une hypothèse analogue, nous donne, au contraire, une solution opposée. Ces deux lois semblent donc en contradiction. La loi 32, § 2, suppose qu'une femme a vendu un fonds de terre au créancier de son mari, afin qu'il le libère; il est d'ailleurs indifférent, ainsi que nous le fait remarquer Pomponius, que l'acheteur soit créancier du mari ou de toute autre personne. Plus tard, la femme revendique l'immeuble contre son acheteur; c'est en vain que celui-ci opposera l'exception *rei venditæ et traditæ,* elle la paralysera par la réplique *aut si ea venditio contra senatus-consultum facta sit.* Pour concilier ces deux textes, on admet que, dans l'hypothèse rapportée par Pomponius, la vente a été la conséquence d'une *intercessio* préexistante; si la femme a vendu, c'était pour exécuter une obligation résultant d'une *intercessio* antérieure. Or, la loi 1, C., h. t., dit que le sénatus-consulte cesse seulement de s'appliquer dans les cas où la femme fait un paiement, une *datio in solutum,* ou une délégation, sans être obligée par avance, « quum obligatæ non essent; » et les lois 8, § 3, D., et 9, C., h. t., déclarent aussi que le paiement ou la délégation ne sont pas valables s'ils ont été faits en exécution d'une obligation précédente : « Si præcedente obligatione, quam senatus-consultum de intercessionibus efficacem esse non sinit, solutionem fecerit. »

Ainsi, la femme peut faire une délégation, pourvu que cette délégation ne soit pas la conséquence d'une obligation antérieurement contractée; il faut en outre que le délégué soit véritablement débiteur, sans quoi la femme serait exposée à un recours de sa part, et, par conséquent, obligée. Ce serait un moyen facile d'éluder la prohibition du sénatus-consulte Velléien, et les lois 8, §§ 4 et 6, et 29, § 1, D., h. t., disent que tout ce qui est fait en fraude de ce sénatus-consulte ne doit pas être validé.

SECTION III.

LA FEMME GARANTIT OU PREND A SA CHARGE L'OBLIGATION D'UN TIERS.

La femme doit garantir ou prendre à sa charge l'obligation d'un tiers ; telle est la troisième condition essentielle à la formation de toute *intercessio;* aussi, toute obligation de la femme *pro alio* tombe-t-elle sous le coup du sénatus-consulte Velléien. « Velleiano senatus-consulto plenissimo comprehensum est ne pro ullo feminæ intercederent » (l. 1, pr., D., h. t.).

La prohibition du sénatus-consulte est absolue et s'applique quel que soit le débiteur pour lequel la femme s'est obligée. Les textes nous fournissent des applications nombreuses de ce principe.

La femme ne peut s'obliger pour son mari (l. 2, § 5, D., h. t.). « Neque maritum..... permittitur mulieri intercedere. » Cela ressort également des lois 5, 7, 14 et 15, C., h. t.

Elle ne peut s'obliger pour son père, « neque patrem..... » (l. 2, § 5, D., h. t.), et la loi 8, C., h. t., nous dit que, si des fils et des filles émancipées ont intercédé pour leur père, les fils seuls seront tenus pour leur part, et le père dans la limite de l'obligation que les filles auraient contractée ; quant à celles-ci, elles sont exemptées de leur obligation par l'effet du sénatus-consulte.

Elle ne peut s'obliger pour son fils, « neque filium..... » (l. 2, § 5, D., h. t.). Les lois 3 et 6, § 1, C., h. t., nous en donnent des exemples.

Que la femme intercède pour une autre femme, ou pour un homme, son obligation est nulle dans les deux cas. « In omni genere negotiorum et obligationum, dit Paul, tam pro viris quam pro feminis intercedere mulieres prohibentur » (Pauli Sent., l. II, t. XI, n° 1). La femme est réputée intercéder, même quand elle s'oblige pour quelqu'un qui, lui-même, ne pourrait pas s'obliger, par exemple, pour l'esclave d'autrui (l. 32, § 5, D., h. t.). Dans ce cas, c'est le maître de l'esclave qui serait tenu (l. 9, D., h. t.).

La femme pourrait également opposer l'exception du sénatus-consulte, si elle s'était portée *fide-jussor* pour son propre esclave (l. 25, § 1, D., h. t.).

Mais le *principium* de cette même loi nous dit que,
si elle avait ordonné à son esclave d'emprunter,
elle serait tenue de l'action *quod jussu*, sans pouvoir opposer d'exception. En effet, dans ce cas,
elle n'intercède pas, puisqu'elle acquiert immédiatement l'argent prêté à son esclave.

Ulpien, dans la loi 8, § 15, D., h. t., examine
la question de savoir si on peut poursuivre une
personne pour laquelle une femme a intercédé, et
qui ne serait pas tenue si elle avait contracté elle-
même ; il décide que la femme ne peut intercéder
ni pour un pupille, ni pour un mineur de vingt-
cinq ans ; l'obligation de la femme sera nulle,
mais le pupille ou le mineur seront tenus. Toutefois, le premier ne sera tenu que dans la limite de
son enrichissement, « quatenus locupletior factus
est, » et le second pourra demander et obtenir
l'*in integrum restitutio*.

Il n'était même pas permis à la femme d'intercéder pour des magistrats qui auraient nommé à
ses enfants les tuteurs qu'elle avait demandés
(l. 1, *Si mai. indemn.*, C., 5,46). La loi 3, *id.*, contient une décision semblable ; mais les auteurs de
cette constitution ont apporté à cette règle une
certaine restriction. La femme était réellement
obligée dans le cas où le décret du préteur portait
expressément que le tuteur avait été nommé à ses
risques et périls, « nisi specialiter ejus periculo
dari decreto fuerit comprehensum. »

La femme ne pouvait donc intercéder pour qui que ce fût. Certains adoucissements avaient cependant été apportés à cette défense absolue. La loi 41, *De procurat.*, D., 3, 3, nous dit d'abord : « Fœminas pro parentibus agere interdum permittitur causa cognita : si forte parentes morbus, aut ætas impediat : nec quemquam qui agat habeant. » La femme peut donc, *causa cognita*, représenter en justice ses parents empêchés par l'âge ou la maladie. Elle peut aussi, d'après les §§ 2 et 3 de la loi 3, *De liberali causa*, D., 40, 12, représenter en justice, dans un procès sur la qualité d'homme libre, son mari ou un de ses cognats, et quand même celui dont l'état est en question voudrait s'y opposer. Dans ce cas, comme dans le précédent, la femme ne peut agir que *causa cognita*, et à la condition qu'aucune autre personne ne se présente pour jouer le rôle de défendeur.

Il peut se faire que la femme, désirant échapper à la défense qui lui est faite d'intercéder pour autrui, contracte en apparence pour elle-même, mais en réalité pour un autre qui se trouve par là dispensé de s'obliger. Ce cas constituerait une *mutui datio* défendue par le sénatus-consulte. Il faudrait alors rechercher si le créancier était de mauvaise foi, c'est-à-dire s'il savait que la femme voulait agir en fraude du sénatus-consulte ; si cela était, il y aurait *intercessio*. Et l'exception du sénatus-consulte pourrait lui être opposée (ll. 10 et 19, C., h. t.).

Mais le sénatus-consulte ne s'appliquera pas si la femme emprunte de l'argent avec l'intention de le donner à quelqu'un (l. 4, § 1, D., h. t.). La loi 13, C., h. t., dit aussi que la femme peut employer tout ou partie de la somme qu'elle em_ prunte à l'usage de son mari sans que le sénatus_ consulte lui vienne en aide ; et cela, bien que le créancier n'ignore pas pourquoi elle a contracté, « licet creditor causam contractus non ignoraverit. » En effet, dans cette hypothèse, la femme ne prend pas à sa charge une obligation étrangère, si elle emprunte, ce n'est pas pour empêcher son mari d'emprunter lui-même ; et elle est libre d'employer l'argent provenant de son emprunt à l'usage qui lui convient.

Nous trouvons, rapporté à la loi 6, § 1. C., h. t., un exemple d'*intercessio*. Il s'agit dans cette loi d'une femme qui a promis indemnité à un tuteur qui veut se faire excuser de la tutelle, dans la crainte que la fortune du pupille ne soit pas suffisante pour faire face aux réclamations qu'il aura plus tard à faire valoir par l'action *tutelæ contraria*. Quand le tuteur voudra recourir contre la femme, celle-ci pourra le repousser par l'exception du sénatus-consulte, « auxilio senatus-consulti uti minime prohibetur, » car l'obligation dont elle s'est chargée est bien l'obligation d'un tiers, c'est l'obligation future du pupille.

Au contraire, la femme ne pourrait opposer l'exception dans l'hypothèse du *principium* de la même loi. On suppose que la femme, voulant administrer elle-même les biens de son fils, a promis au tuteur de l'indemniser des suites de sa gestion. Si le tuteur condamné recourt plus tard contre elle, elle ne pourra se soustraire à ses poursuites; car c'est elle qui a fait naître l'obligation, et nous avons dit qu'une des conditions essentielles à l'existence de l'*intercessio* était que la femme se soit chargée de l'obligation d'un tiers.

C'est pour la même raison que la femme ne sera pas protégée par le sénatus-consulte dans l'espèce rapportée par Africain au § 1 de la loi 19, D., h. t. Une mère donne mandat au tuteur de son fils de faire abstenir le pupille de l'hérédité de son père; si plus tard le pupille intente à cause de cela contre son tuteur l'action de tutelle, celui-ci pourra se faire indemniser par la femme, qui ne peut lui opposer l'exception du sénatus-consulte, car il n'y a pas eu *intercessio*.

La loi 8, § 1, D., h. t., contient encore un exemple de notre proposition. Ulpien suppose dans cette loi qu'une femme est intervenue auprès des tuteurs de son fils pour qu'ils ne vendent pas ses immeubles, soit pour payer ses dettes, soit pour obéir à la loi qui, jusqu'à Constantin, ordonnait au tuteur de vendre les *praedia urbana* de son pu-

pille (l. 22, *De adm. tut.*, C., 5, 37). Cela ne constitue pas une *intercessio*, «nullam enim obligationem alienam recepisse, neque veterem, neque
novam, sed ipsam fecisse hanc obligationem. »
Nous trouvons la même solution dans les Sentences de Paul, « mulier quæ pro tutoribus filio-
rum suorum indemnitatem promisit ad beneficium
senatus-consulti non pertinet» (Pauli Sent., l. II,
t. XI, § 2).

Il n'y a pas lieu non plus de donner à la femme
l'exception du sénatus-consulte Velléien si, ayant
reçu d'un débiteur ce qu'il devait à un autre, en
s'obligeant à faire ratifier le paiement, et le
créancier ne l'ayant pas ratifié, le débiteur qui
a payé entre ses mains intente contre elle l'action *ex stipulatu*. Elle est bien obligée, à la vérité,
mais elle n'est pas obligée pour un tiers, puisque
le débiteur reste lui-même obligé : «Cum maneat
obligatus..... ac potius reddere cogatur quod non
acceperat quam, pro alio solvere»(l. 15, D., h. t.).

Dans toutes les hypothèses que nous venons
d'examiner, on suppose la femme s'obligeant
seule ; il peut se faire aussi qu'elle s'oblige soli-
dairement, *correaliter*. On devra alors rechercher
quel est son intérêt dans l'opération, et, suivant
cet intérêt, on devra dire qu'elle intercède pour le
tout, qu'elle intercède pour partie ou qu'elle n'intercède pas du tout. L'examen des différentes espèces permettra seul de résoudre la question ;

notre titre en renferme quelques-unes dont l'explication viendra plus en son lieu dans la section suivante.

SECTION IV.

LA FEMME N'A PAS UN INTÉRÊT PERSONNEL A S'OBLIGER.

Nous avons dit que la quatrième condition nécessaire pour qu'il y ait *intercessio* de la part d'une femme, c'est qu'elle n'ait pas un intérêt personnel à s'obliger ; et qu'au contraire, toutes les fois que l'acte dont il s'agit a procuré un avantage à la femme, toutes les fois qu'en s'obligeant elle a, suivant l'expression des jurisconsultes romains, fait sa propre affaire, « proprium negotium gessit, » il n'y a pas *intercessio* et le sénatus-consulte Velléien ne s'applique pas.

Si nous supposons qu'une femme et son mari empruntent de l'argent pour payer ce qu'ils ont acheté en commun, il faudra dire qu'il y a *intercessio* pour partie, car la femme n'a pas intérêt à ce que son mari soit libéré ; qu'il s'acquitte ou non de sa dette, la femme n'en sera pas moins, dans tous les cas, propriétaire pour moitié ; seulement au lieu d'être dans l'indivision avec son mari, elle sera dans l'indivision avec le vendeur.

Au contraire, nous ne trouvons pas d'*intercessio* dans l'hypothèse de la loi 17, § 2, D., h. t., dont nous empruntons l'explication à M. Demangeat (1) : « Une maison qui vaut 1000 appartient par indivis à Titius et à Sempronia ; les 100 qui ont été empruntés par eux ont servi à faire une réparation sans laquelle la maison entière eût péri. Evidemment, en pareil cas. la femme ne sera point considérée comme ayant intercédé pour Titius ; elle a bien véritablement fait sa propre affaire : car. l'esprit ne pouvant pas concevoir qu'on répare une maison pour une moitié indivise, si Sempronia n'avait emprunté que 50, elle n'aurait pu avec cette somme empêcher la perte de sa chose. Donc, en définitive, elle s'est obligée à 100 lorsque 100 lui étaient nécessaires pour sauver une valeur de 500 : elle a pourvu à son propre intérêt. Il est bien entendu, d'ailleurs, que si effectivement c'est elle qui rembourse les 100 au prêteur, elle pourra, par l'action *communi dividundo*, recourir pour moitié contre Titius ; de même, si les 100 ont été empruntés avec la clause de corréalité, pour acquitter une redevance à laquelle était soumis le fonds indivis entre Titius et Sempronia, et pour empêcher ainsi la confiscation totale du fonds. »

Papinien, dans la loi 1. § 4, *De pign. et hyp.* D., 20, 1, nous présente un autre exemple de notre règle : une femme donne son immeuble à son mari qui le constitue en gage. Le divorce a lieu,

____

(1) M. Demangeat, *Obligations solidaires*, p. 311 et suiv.

la femme reprend son immeuble et le donne à son tour en gage pour garantir une dette de son ancien mari. Le gage ne sera valable que jusqu'à concurrence de la somme dont elle peut être débitrice envers son mari pour les améliorations faites au fonds, dans le cas où les dépenses auraient été supérieures aux fruits de l'immeuble. Car, dit le jurisconsulte, dans ces limites, la femme a fait sa propre affaire, il n'y a pas *intercessio*, « etenim in ea quantitate proprium mulierem negotium gessisse, non alienum suscepisse videtur. » Pour le reste, le gage n'est pas valable parce qu'il y a *intercessio.*

Africain décide dans la loi 17, pr. D., h. t., que, dans le cas d'une délégation, si la femme déléguée n'était pas réellement débitrice du délégant, il y aurait *intercessio*, car elle s'obligerait alors d'un côté sans se libérer de l'autre ; et il donne comme exemple l'hypothèse suivante : un mari, voulant faire une donation déguisée à sa femme, lui vend une chose à vil prix, et la délègue à son créancier comme débitrice du prix. Il n'y a eu ni vente ni donation, car « inter virum vero et uxorem donationis causa venditio facta pretio viliore, nullius momenti est » (l. 38, *De contrahenda empt.* D., 18, 1). La femme n'est donc pas débitrice de son mari, et, par conséquent, elle fait une *intercessio.* Africain ajoute qu'elle pourra opposer l'exception du sénatus-consulte, bien que le créancier ait cru qu'elle était réellement débitrice de son mari. Cela n'est pas contraire à la règle que le créancier est protégé par sa bonne foi, si la femme a emprunté de l'argent pour son usage, et l'a prêté ensuite à son mari ou à un tiers (loi 4, pr., D., h. t.), « quoniam quidem plurimum intersit utrum cum muliere quis ab initio contrahat, an alienam obligationem in eam transferat, tunc enim diligentiorem esse debere. »

Au contraire, la femme fait sa propre affaire, et n'est pas censée intercéder dans le cas où, déléguée par son créancier, elle s'oblige envers le délégataire qui est créancier de son créancier ; car, par là, elle se libère envers le délégant (l. 24, pr., D., h. t.).

Les lois 8, § 2, 24, § 1 et 27, § 2, D., h. t., contiennent encore des hypothèses dans lesquelles la femme, quoique déléguée, ne pourra pas opposer l'exception du sénatus-consulte parce qu'elle est de mauvaise foi et parce qu'elle gère sa propre affaire.

La femme peut aussi, sans qu'il y ait *intercessio*, s'obliger par *expromissio*. La loi 13, pr. D., h. t., nous en fournit un exemple. Une esclave a donné un *expromissor* (loi 104, *De verb. oblig.* D., 45, 1 pour garantir le paiement d'une somme d'argent qu'elle a promise à son maître *ob pactionem libertatis* ; devenue libre, elle se charge de l'obligation de l'*expromissor* ; il n'y a pas *intercessio*, parce que,

comme le dit Gaius, « Prima facie, quidem alienam, re vera autem suam obligationem suscepit. » Cette même loi nous apprend que la femme
n'est pas censée intercéder, si elle s'oblige pour
son fidéjusseur.

La loi 3, D., h. t., donne la même solution dans
le cas où la femme défend en justice quelqu'un
qui, par suite de la condamnation qu'il peut subir, aura un recours contre elle ; par exemple,
celui qui lui a vendu une hérédité, ou son fidéjusseur. En effet, l'héritier poursuivi par un
créancier de la succession redemanderait à la
femme ce qu'il a payé en vertu de la stipulation
venditæ hereditatis, et le fidéjusseur recourrait
contre elle par l'action *mandati*. Il est donc vrai
de dire qu'en prenant leur défense, elle s'oblige
dans sa propre affaire, et que, par conséquent, il
n'y a pas *intercessio*.

La loi 18, D., h. t., nous montre que la femme
peut s'obliger *correaliter* en qualité d'*expromissor*,
sans qu'il y ait *intercessio*. Cette loi doit être rapprochée du § 2 de la loi 17 dont nous avons donné
plus haut l'explication, et, selon M. Demangeat (1), la distinction faite par Africain dans la
loi 17, § 2, doit aussi s'appliquer à l'espèce prévue dans la loi 18. Si la dépense faite était nécessaire pour sauver un fonds commun à la

(1) M. Demangeat, *Obligations solidaires*, p. 357.

femme et à son *correus promittendi*, quand elle sera poursuivie *in solidum*, elle ne pourra invoquer l'exception du sénatus-consulte.

Enfin, la femme n'intercède pas si elle a été indemnisée de l'obligation qu'elle a contractée *pro alio*, soit à l'avance (l. 22, D., h. t.), soit après s'être obligée, mais avant d'être poursuivie (ll. 16, pr., et 21, pr., D., h. t.), car elle est censée avoir reçu un mandat salarié qu'elle doit remplir, et, d'après la loi 15, D., h. t., elle ne peut agir *de lucro* contre le mandant.

Les dispositions des lois 16 et 22 que nous venons de citer sont confirmées en ces termes par la loi 23, C., h. t. : « sive ab initio, sive postea aliquid accipiens ut sese interponat, omnimodo teneri. » Or, les lois 16 et 22 étant en harmonie avec la nouvelle constitution de Justinien, que veulent donc dire ces mots par lesquels elle commence, « antiquæ jurisdictionis retia et difficillimos nodos resolventes....? » Quelles innovations Justinien a-t-il apportées en cette matière? Quelles difficultés a-t-il résolues? Ce sont sans doute les deux questions de savoir : 1° ce que la femme doit avoir reçu pour être réputée avoir touché le prix de son *intercessio*, et 2° comment on prouvera qu'elle a reçu quelque chose.

A la première question Justinien répond qu'il suffit qu'elle ait reçu *aliquid*, si peu que ce soit. Relativement à la seconde, il décide que, si l'acte public rédigé dans les formes qu'il indique pour constater l'*intercessio*, porte que la femme a reçu le prix, il sera réputé vrai d'une manière absolue, « omnimodo esse credendum. »

Si nous ne nous trompons pas, et si les graves difficultés dont parle Justinien à la loi 23 sont bien celles que nous venons de citer, nous sommes forcés d'avouer que le souverain législateur a adopté pour les résoudre une méthode un peu simple ; et a cédé trop facilement au désir naturel de supprimer toutes distinctions, « supervacuas distinctiones exulere.» Avec de pareilles décisions, rien n'est plus facile que d'éluder, sans qu'il y paraisse, la défense du sénatus-consulte Velléien.

SECTION V.

LA FEMME NE S'EST PAS OBLIGÉE ANIMO DONANDI.

La dernière des cinq conditions que doit réunir l'obligation de la femme pour être soumise au sénatus-consulte Velléien, c'est que la femme ne s'oblige pas *animo donandi*.

Si donc l'acte de la femme est, au fond, une libéralité envers celui pour qui elle s'oblige, il n'y a pas *intercessio* et le sénatus-consulte Velléien ne s'applique pas.

Les lois 8, § 5, et 21, § 1, D., h. t., nous présentent l'application de cette idée. Ces deux lois

qui permettent à la femme de déléguer son débiteur au créancier de quelqu'un, et de faire une
donation, lui permettent, d'une façon plus générale, de prendre un engagement quel qu'il soit
pour éviter à son père « *propter solutionem vexari.* »
Elle peut faire une libéralité à terme, c'est-à-dire
s'obliger formellement à donner ou à payer, aussi
bien que faire un paiement ou une libéralité ins-
tantanés, « si quid liberaliter fecerit..... non
tuta erit senatus-consulto. »

Cela se comprend bien, puisque le sénatus-
consulte a eu pour but d'empêcher les femmes,
non pas de sacrifier leur fortune pour autrui,
mais de prendre pour l'avenir des engagements
inconsidérés dont elles ne peuvent apprécier l'é-
tendue. « Mulier enim non per senatus-consultum relevatur, sed quæ d'minuit restituitur. »

Nous n'insistons pas sur les motifs qui ont fait
permettre à la femme de faire une libéralité à un
tiers, nous en avons suffisamment parlé plus
haut (1) à propos de la loi 8, pr. D., qui permet à
la femme de faire une remise de gage.

(1) Voir page 30.

CHAPITRE IV.

EXCEPTIONS AU SÉNATUS-CONSULTE VELLÉIEN.

Parmi les hypothèses présentées par les textes que nous avons étudiés dans le chapitre précédent, les unes donnent lieu à l'application du sénatus-consulte Velléien, les autres ne contiennent pas d'*intercessio*, faute par elles de présenter tous les caractères qui la constituent.

Nous devons maintenant parcourir divers cas dans lesquels la femme reste tenue, bien que l'obligation qu'elle a contractée soit réellement une *intercessio*.

Ces exceptions à la règle que la femme ne peut s'obliger pour autrui reposent sur plusieurs motifs : elles sont fondées soit sur la cause de l'*intercessio*, soit sur la position du créancier, soit sur un fait de la femme. Nous allons examiner successivement chacune de ces trois classes d'exceptions.

SECTION I.

EXCEPTIONS FONDÉES SUR LA CAUSE DE L'INTERCESSIO

Le sénatus-consulte cesse de s'appliquer :

1° Lorsque la femme a intercédé *pro dote*, c'est-à-dire lorsqu'elle s'est obligée ou qu'elle a em-

prunté pour fournir une dot. La loi 32, § 2, *De
cond.ind.*, D., 12, 6, montre que cela avait été admis
de bonne heure, *pietatis causa*, lorsqu'il s'agissait
d'une mère s'obligeant pour sa fille ; on considérait cette mère comme accomplissant une obligation naturelle, c'est pourquoi on lui défendait
d'invoquer l'exception du sénatus-consulte Velléien. Cette règle de jurisprudence fut confirmée
plus tard par le rescrit des empereurs Valérien et
Gallien qui forme la loi 12, C., h. t. Justinien,
voulant prévenir avant tout les causes de divorce
« neque enim ferendum est quasi, casu fortuito
interveniente, mulierem fieri indotatam, et sic a
viro forsitan repelli et distrahi matrimonium, »
généralisa cette exception et décida qu'une
femme serait valablement engagée en promettant
une dot même pour une autre que pour sa fille,
« pro qualibet muliere (1) » (l. 25, C., h. t.).

2° Lorsqu'elle a intercédé *pro libertate*, c'est-à-
dire lorsqu'elle s'est engagée principalement ou
comme caution pour un esclave, afin que son
maître lui donne la liberté. Justinien, qui se
montra toujours favorable aux affranchissements,
décide en effet dans la loi 24, C., h. t., que dans
cette hypothèse il faut imposer silence au principe du sénatus-consulte Velléien : « senatus-
consultum Velleianum in hoc casu tacere impe-
rantes. »

(1) Voir M. Pellat. *Textes sur la dot*, p. 326.

3° Lorsqu'elle intercède en général pour une cause pieuse; par exemple, si, *causa cognita*, elle revendique la liberté pour son mari ou un de ses cognats (l. 3, §§ 2 et 3, *De liberali causa*, D., 40, 12); si elle défend en justice pour ses parents empêchés par l'âge ou la maladie (l. 41, *De procurat.*, D., 3, 3); ou bien encore lorsqu'elle s'oblige pour donner la sépulture à un mort (l. 14, § 7, *De relig.*, D., 11, 7). Nous avons déjà indiqué ces hypothèses dans le chapitre précédent (1).

4° Nous avons vu aussi que si une mère fait nommer à ses enfants un tuteur de son choix, et se porte garant de son administration, elle est réellement obligée, quand le décret du préteur porte expressément que le tuteur a été nommé aux risques et périls de la mère (l. 3, *Si mater indem. promis.*, C., 5, 46).

SECTION II.

EXCEPTIONS FONDÉES SUR LA POSITION DU CRÉANCIER.

La femme cesse de pouvoir invoquer l'exception du sénatus-consulte Velléien :

1° Quand, s'étant obligée pour un mineur de vingt-cinq ans, on ne peut restituer à ce mineur son action contre le débiteur primitif, parce qu'il

______
(1) Voir page 36.

est insolvable (l. 12, *De minoribus*, D., 4, 4). Nous avons déjà fait observer que le texte faisait passer, dans ce cas, l'intérêt du mineur avant celui de la femme (1).

2° Lorsque le créancier est de bonne foi. La bonne foi du créancier suppose de sa part une erreur de fait, et de la part de la femme une tentative de fraude au sénatus-consulte. L'erreur du créancier consiste à croire que la femme s'oblige pour elle-même; la fraude de la femme consiste à déguiser son *intercessio*, soit en paraissant s'obliger pour elle-même, bien qu'en réalité elle s'oblige comme personne interposée, soit en donnant mandat à quelqu'un d'intercéder à sa place et pour elle-même. Il faut donc rechercher avec grand soin si le créancier connaît ou non le véritable état de choses. S'il le connaît ou si son erreur est inexcusable, le sénatus-consulte s'appliquera : « Ea quæ in fraudem senatus-consulti... excogitata probari possunt, rata haberi non oportere, » dit Paul (l. 29, § 1, D., h. t.). Si, au contraire, il ignore réellement la fraude de la femme, celle-ci ne pourra lui opposer l'exception du sénatus-consulte. Car, dit la loi 12, D., h. t.: « Tunc locus est senatus-consulto quum sit creditor eam intercedere; » et la loi 1, C., h. t., reproduit la même idée par ces mots : « Si id

(1) Voir page 23.

contrahentes non ignorent. » Le sénatus-consulte ne s'applique que quand le créancier sait que la femme s'oblige pour autrui.

Les textes nous donnent des exemples des deux espèces de fraude que la femme peut commettre et que nous venons d'indiquer.

Les lois 4, pr., 11, 27, pr. et 28, § 1, D., h. t., parlent du cas où la femme agit en apparence pour elle-même, mais, en réalité, s'oblige pour un autre. Ces lois nous disent que, si le créancier ignore la véritable position de la femme, le sénatus-consulte cessera de s'appliquer; et Paul remarque dans la loi 11 que rien n'est plus juste et plus conforme au véritable intérêt des femmes, car, sans cela, personne ne voudrait contracter avec elles : « Si mulier tanquam in usus suos pecuniam acceperit, alii creditura, non est locus senatus-consulto : alioquin nemo cum fœminis contrahet, quia ignorari potest quid acturæ sint. »

Faisons observer ici avec Pothier (1) que, s'il n'y a pas lieu d'appliquer le sénatus-consulte lorsque le créancier est de bonne foi, à plus forte raison doit-on l'écarter lorsqu'il n'y a d'autre preuve de l'*intercessio* que le témoignage de celui qui dit en avoir profité. Cela ressort de la loi 28, pr., D., h. t. Le sénatus-consulte ne s'applique-

---

(1) Pothier, *Ad h. t. au Digeste*, sect. 1, art. 2, § 5, n° 17.

rail pas davantage si l'*instrumentum* énonce faussement que la femme s'est obligée, lorsqu'en réalité ce n'est pas elle qui a contracté (l. 17, C., h. t.)

Il peut se faire aussi que la femme donne mandat à quelqu'un d'intercéder à sa place, afin de ne pas figurer elle-même dans l'opération. Nous trouvons des exemples de cette seconde espèce de fraude dans les lois 6 et 32, § 3, D., h. t., qui distinguent très-nettement, suivant que le créancier a connu ou ignoré l'existence d'une *intercessio*, et disent que le sénatus-consulte s'appliquera seulement si le créancier a connu l'existence de l'*intercessio*, ou si son erreur à cet égard était inexcusable. Il faut remarquer qu'on se montre plus sévère pour le créancier qui reçoit pour débitrice une femme qu'on lui délègue (ll. 3, § 9, *De in rem verso*, D., 15, 3, et 7, pr., *De exercit. act.*, D., 14, 1), que pour celui qui contracte *ab initio* avec une femme. Au premier cas, il doit rechercher avec soin si la femme est réellement débitrice du délégant, car il sera repoussé par l'exception du sénatus-consulte, même s'il a ignoré l'existence d'une *intercessio;* dans le second, au contraire, il lui est permis d'ignorer l'emploi que la femme fera des deniers qu'il lui remet (l. 17, pr., D., h. t.).

Nous avons dit, jusqu'à présent, que le sénatus-consulte s'appliquera si le créancier avait connaissance de l'*intercessio* ; cependant, la loi 13, C., h. t., semble en contradiction avec nous, car elle ne permet pas de repousser le créancier par l'exception du sénatus consulte, alors même qu'il connaissait très-bien le motif pour lequel la femme contractait. Cette contradiction n'est qu'apparente, car nous avons déjà vu (1), par l'analyse de ce texte, qu'il y est question, non pas d'une femme qui prête à son mari de l'argent qu'elle vient d'emprunter, hypothèse qui constituerait bien la *mutui datio* prohibée par le sénatus-consulte, mais d'une femme qui emprunte et emploie immédiatement l'argent qu'elle reçoit dans l'intérêt de son mari sans rien exiger en retour, cas dans lequel, nous le répétons encore une fois, on ne peut craindre pour la femme l'entraînement et l'illusion auxquels le sénatus-consulte Velléien a voulu porter remède.

La loi 19, § 5, présente une exception au principe que le sénatus-consulte Velléien ne peut être opposé au créancier qui a contracté avec la femme, lorsqu'il est de bonne foi, c'est-à-dire lorsqu'il a ignoré l'*intercessio*. Voici l'espèce assez compliquée qu'Africain examine dans ce texte : Un créancier a un débiteur, Primus. Une femme veut décharger Primus de sa dette et s'obliger à sa place envers le créancier ; mais celui-ci, qui

----

connaît le sénatus-consulte Velléien, ne veut pas accepter la femme pour débitrice et libérer Primus. Elle s'adresse alors à Secundus, qui ignore ses intentions, et lui emprunte une somme d'argent en lui donnant mandat de la verser entre les mains du créancier. Mais Secundus, n'ayant pas la somme à sa disposition, s'engage par stipulation à la lui payer. Le jurisconsulte se demande si, lorsque Secundus réclamera à la femme le remboursement de la somme qu'elle lui a donné mandat de payer, elle pourra lui opposer l'exception du sénatus-consulte, bien qu'il ait ignoré l'*intercessio*. Africain finit par conclure affirmativement, et il assimile Secundus au fidéjusseur de la femme, « ejus loco qui pro muliere fidejusserit, haberi me debere : ut quemadmodum illi, quamvis ignoraverit mulierem intercedere..... ita mihi, adversus te utilis exceptio detur, mihique in mulierem actio denegetur. » Ainsi, la femme peut opposer l'exception du sénatus-consulte Velléien à Secundus, ce qui constitue bien une exception au principe que la bonne foi du créancier écarte l'application du sénatus-consulte; et, de son côté, Secundus, s'il a su avant de payer que la femme intervenait pour Titius, pourra opposer l'exception du sénatus-consulte à l'action *ex stipulatu* du créancier.

Mais qu'arriverait-il si Secundus avait déjà payé le créancier de Primus ? La femme pourrait-elle repousser l'action de Secundus? Secundus pourrait-il recourir contre le créancier par la *condictio indebiti*? Le texte nous montre qu'Africain hésitait beaucoup sur la solution qu'il convenait de donner à ces questions. Il commence par comparer Secundus à un débiteur délégué par la femme, auquel cas le sénatus-consulte ne s'appliquerait pas et la femme ne pourrait lui opposer l'exception, « quod quidem magis dicendum existimavit ut sic senatus-consulto locus non sit. » Mais il revient ensuite sur cette solution évidemment fausse, « quæ postea non recte comparari ait, » car, en faisant une délégation, la femme ne s'oblige pas, tandis que dans l'espèce elle se charge de l'obligation d'autrui. Il décide finalement que la femme pourra repousser l'action de Secundus par l'exception du sénatus-consulte; mais que Secundus, à son tour, pourra intenter la *condictio indebiti* contre le créancier pour répéter ce qu'il a payé, « ego tibi condicere pecuniam possim. » Il ne faut pas, en effet, que le créancier perde à la fois sa créance contre la femme et la somme qu'il a versée entre les mains du créancier. Cela n'est vrai, bien entendu, qu'autant que Secundus, avant de payer, ignorait l'*intercessio* de la femme.

SECTION III.

EXCEPTIONS FONDÉES SUR UN FAIT DE LA FEMME.

1° Lorsque la femme commet un dol en intercédant, elle cesse de pouvoir invoquer le sénatus-consulte. « Decipientibus mulieribus senatus-consultum auxilio non est » (loi 2, § 3, D., h. t.). (Adde : ll. 23 et 30, D.; 5 et 18, C., h. t.)

Il y a certains cas dans lesquels la question de savoir si la femme a commis un dol est assez difficile à résoudre et donne lieu à des controverses. C'est ainsi qu'on se demande si la femme commet un dol par cela seul qu'elle connaît le bénéfice que le sénatus-consulte Velléien lui accorde. La loi 30, pr., D., h. t., nous paraît décider formellement qu'il y a dol de la part de la femme, « vel quum sciret se non teneri. » Cependant il existe une opinion contraire qui repousse l'argument que nous tirons de la loi 30 en décidant que la femme a frauduleusement omis d'éclairer le créancier qui se trompait.

On peut aussi soulever la question de savoir s'il y a dol de la part de la femme, lorsque le mari donne en gage ou hypothèque une chose de sa femme qu'il présente au créancier comme sienne, et que la femme n'avertit pas le créancier. La question nous semble résolue affirmativement dans la loi 5, C., h. t. « Quod si patientiam præstitisti, ut quasi suas res maritus obligaret, decipere voluisti mutuam pecuniam dantem, et ideo tibi non succurretur senatus-consulto; quo infirmitati, non calliditati mulierum consultum est. » Tel était aussi l'avis d'Accurse qui est cité et blâmé par Doneau (sur la loi, 5, C., t. VIII, p. 177). Ce jurisconsulte pose en principe que la femme ne commet pas un dol par cela seul qu'elle ne contredit pas ; mais cette opinion nous semble par trop favorable à la femme qui, dans ce cas, n'est certes pas digne de tant d'intérêt.

2° La femme ne peut non plus invoquer le sénatus-consulte quand elle fait adition de l'hérédité du débiteur pour qui elle a intercédé. Nous en trouvons la preuve dans la loi 8, § 13, D., h. t., qui décide que dans cette hypothèse la femme pourra être poursuivie par une action restitutoire et par une action directe;« nihil enim ejus interest qua actione conveniatur. »

3° La femme peut enfin, par son fait, être privée du bénéfice du sénatus-consulte Velléien, lorsqu'elle y a renoncé.

Il est hors de doute que cette renonciation est valable dans certains cas.

La loi 32, § 4, D., h. t., nous dit d'abord que. si la femme se présente en justice pour défendre à la place de celui pour qui elle a intercédé [en se plaçant dans un des cas où elle peut, par exception, *defendere pro alio* (1)], elle devra donner caution qu'elle n'aura pas recours au sénatus-consulte. « Cavere debebit exceptione se non usuram. »

Justinien décide ensuite que la femme qui voudrait obtenir la tutelle de ses descendants légitimes ou naturels devrait prendre l'engagement de ne pas se remarier et de renoncer au bénéfice du sénatus-consulte Velléien (Auth. *matri et aviæ* et l. 3, C., *Quando mulier tutelæ off.*, 5, 35).

Justinien décide encore, dans la loi 22, C., h. t., que, si une femme majeure, « perfectæ ætatis, » renouvelle son *intercessio* au bout de deux ans, elle ne pourra plus opposer le sénatus-consulte Velléien. Ce renouvellement de l'*intercessio* au bout de deux années indique chez la femme une réflexion mûrie et une volonté bien arrêtée, et l'empereur justifie sa décision en disant que, dans ce cas, on doit présumer que la femme a un intérêt personnel à intercéder, « videtur pro sua causa aliquid agere. »

On s'est demandé si la femme, qui doit être majeure lors de la seconde *intercessio*, a dû l'être aussi lors de la première? En général, on pense qu'il importe peu qu'elle ait été majeure quand elle s'est obligée pour la première fois, car la loi 22 nous dit que c'est la seconde *intercessio* seu-

(1) Voir page 36.

lement qui oblige la femme, sans effet rétroactif, « ex secunda cautione sese obnoxiam facere. »

La Novelle 61, ch. 1, § 1, *in fine*, reproduite au Code dans l'Authentique *Sive a me*, renferme une décision analogue et nous montre que Justinien a transporté à une matière où il n'y a pas véritablement *intercessio* cette règle que le renouvellement, après deux ans, valide un acte de la femme d'abord inefficace. La confirmation faite par la femme après deux ans, du consentement qu'elle a donné à l'hypothèque ou à l'aliénation d'immeubles faisant partie d'une donation *propter nuptias*, rend ces actes valables, bien que la femme soit, en principe, inhabile à les consentir.

Voici donc trois cas dans lesquels la femme peut certainement renoncer au bénéfice du sénatus-consulte Velléien; abordons maintenant une question célèbre et vivement controversée de tout temps par les commentateurs, et demandons-nous si, en dehors des trois circonstances que nous avons indiquées, la femme peut renoncer valablement au bénéfice du sénatus-consulte Velléien; constatons toutefois que cette question ne présente d'intérêt qu'au point de vue purement théorique et qu'une pratique constante et unanime a toujours admis la validité de la renonciation. « Quæritur non quidem in foro ubi sententiæ numerari solent, sed in academiis ubi veritas exquiritur » (Vinnius, *Select. juris quæst.*, pars. I, cap. XLVIII).

Deux opinions sont en présence; chacune d'elles compte parmi ses défenseurs des jurisconsultes éminents et autorisés. Nous développerons successivement chacun de ces deux systèmes, et nous prendrons parti après avoir examiné avec soin les arguments qu'on invoque pour les défendre.

Premier système. — La femme peut valablement renoncer au sénatus-consulte Velléien :

1° Tout d'abord, cette proposition n'est-elle pas conforme à l'esprit du sénatus-consulte Velléien? On sait que ce sénatus-consulte a été rendu à la fois dans l'intérêt de la femme et dans un but politique; or, s'il est vrai de dire qu'on a voulu protéger la femme, il y aurait exagération à vouloir la protéger même contre sa propre volonté. En admettant même que l'idée de protection ait été complétement étrangère à la rédaction du sénatus-consulte Velléien, en admettant que la pensée politique dominait lors de sa rédaction, il faudrait aussi tenir compte du progrès qui s'accomplit dans les mœurs, et qui, sous l'influence du christianisme, ne tarda pas à entraîner avec lui la jurisprudence; la pensée d'ordre public s'effaça peu à peu, et le sénatus-consulte ne fut plus considéré que comme une faveur accordée à la femme. Cela admis, nous devons en conclure avec la loi 29, C., *De pactis*, 2, 3. « Omnes licentiam habere his quæ pro se introductæ sunt renuntiare. »

Qu'on ne vienne pas dire que cette facilité donnée à la femme de renoncer au sénatus-consulte rend illusoire la protection qu'il renferme, et que la femme sera portée à renoncer au sénatus-consulte aussi facilement qu'à s'obliger pour autrui. S'il convient d'avouer que la femme renoncera quelquefois légèrement au sénatus-consulte, n'est-il pas vrai de dire que la plupart du temps son attention sera mise en éveil, lorsqu'elle saura qu'il existe une disposition législative lui défendant d'intercéder et lui permettant de repousser son créancier au moyen d'une exception ? Il faut bien se garder de croire que la femme renoncera toujours à son privilége avec autant de facilité qu'elle intercédera. Perezius, ad. h. t., n° 23, le nie formellement : « Illa ratio non tam vera quam ficta est. »

2° Cette opinion se fonde sur plusieurs textes : ce sont les lois 32, § 4, D., h. t.; 3, *Quando mulier tut. off.*, C., 5, 35, et 23, pr., C., h. t.

Examinons d'abord la loi 32, § 4, D., h. t. C'est le texte principal et celui sur lequel on discute le plus ; nous l'avons déjà rencontré, et nous l'avons cité comme renfermant une des hypothèses dans lesquelles la femme peut renoncer au sénatus-consulte Velléien. Il s'agit du cas où la femme prend en justice la place de celui pour qui elle a intercédé ; elle doit, avant de se présenter devant le magistrat, donner caution au créancier demandeur de ne pas se servir de l'exception du sénatus-consulte ; c'est dire qu'elle peut y renoncer. On en conclut qu'elle peut le faire, en thèse générale et dans tous les cas. Il n'y a rien, en effet, de particulier dans cette loi ; il n'y a rien qui fasse comprendre pourquoi, dans cette hypothèse, on aurait admis l'efficacité d'une renonciation, si la règle générale eût été qu'en principe la renonciation n'était pas valable. De plus, l'examen du texte suffit pour démontrer que Pomponius parle de cette renonciation comme d'une chose très-naturelle, et non comme d'une exception apportée à un principe général.

A ce raisonnement on fait une objection : Si, dit-on, la loi 32, § 4, permet à la femme de renoncer au sénatus-consulte, c'est qu'en prenant en justice la défense de celui pour qui elle intercède, elle fait la même chose que si elle payait ; la loi 23, *De solutionibus*, D., 46, 3, ne dit-elle pas : « Solutione vel pro nobis judicium accipiendo, et inviti et ignorantes liberari possumus ? » Or, le sénatus-consulte ne défendant pas à la femme de payer, pourquoi lui défendrait-il de se présenter en justice pour celui en faveur duquel elle a intercédé ? A cela, les partisans de l'opinion que nous exposons répondent que l'argument de la loi 23 ne porte pas, attendu que cette loi ne s'occupe que d'une question de libération ; elle nous apprend, il est vrai, qu'un tiers nous libèra aussi bien en payant à notre place qu'en défendant pour nous en justice ; mais elle reste complétement étrangère à notre question, et on ne peut en tirer cette conséquence qu'en matière d'intercession, payer et défendre en justice sont une même chose, quand les textes, au contraire, proclament si hautement la différence qui existe entre payer la dette d'autrui (lib. 4, § 1 et 5, D., h. t.) et défendre *pro alio* (1. 2, § 5).

Payer et défendre en justice ne sont pas, en matière d'*intercessio*, des actes identiques. La défense en justice de celui pour qui on a intercédé n'est autre chose qu'une *intercessio* continuée et, par conséquent, toujours et seulement une *intercessio*. Or, si une renonciation, faite lors d'une *intercessio* continuée, est efficace, pourquoi en serait-il autrement d'une renonciation faite dès le principe de cette même *intercessio*? On n'en peut donner aucune bonne raison, car, dans les deux cas, nous retrouvons une *intercessio* et une renonciation.

La loi 3, *Quando mulier tut. off.*, C.. 5, 35 et la Novelle 118, chap. 5, reproduite au Code dans l'Authentique *matri et aviæ*, ont déjà été citées comme contenant un des cas dans lesquels la femme peut valablement renoncer au sénatus-consulte. La femme, d'après ces deux dispositions, peut faire cette renonciation quand elle veut obtenir la tutelle de ses descendants. Or, dans ces deux textes comme dans la loi 32, § 4, rien ne donne à entendre, même de la manière la plus éloignée, que cette renonciation ait quelque chose d'exceptionnel. Si Justinien eût établi, dans ce cas spécial, une dérogation à une règle générale, il est plus que probable qu'il l'aurait annoncé, et se serait flatté hautement d'apporter une amélioration à l'ancienne législation. Il est donc logique de croire qu'il n'y a dans ces textes que l'application d'un principe général.

La loi 23, pr., G., h. t., que nous avons analysée à la fin de la section IV du chapitre III, est encore une application de ce principe. Elle décide, en effet, que, si la femme a déclaré dans l'acte d'*intercessio* avoir reçu quelque chose pour intercéder, cette déclaration doit être tenue pour vraie d'une manière absolue, « omnimodo esse credendum, » et que la femme se dérobe ainsi à l'application du sénatus-consulte Velléien. Or, quand la femme n'a rien reçu, qu'est-ce qu'une pareille déclaration, sinon une véritable renonciation au sénatus-consulte?

En résumé, d'après cette première opinion, les jurisconsultes romains ont pu raisonnablement admettre que la renonciation par la femme au sénatus-consulte Velléien était valable et efficace;

et, quand bien même la chose serait en elle-même absurde et illogique, les textes établissent qu'ils ont effectivement admis la possibilité de cette renonciation.

Cette opinion prédominait parmi les jurisconsultes du Bas-Empire, tels que Michel Attalens et Harménopule, ainsi que chez les glossateurs; elle a été soutenue autrefois par Voët, Perrezius et une foule d'autres; de nos jours, elle est adoptée par un grand nombre de jurisconsultes allemands, Gerke, Puchta, Heimbach, Kattenhorn, Rudorff, Girtanner et Arndts; elle a été développée et soutenue avec un grand talent par M. de Vangerow, § 581, ann., *in fine*, t. III, p. 170 à 173.

Deuxième système. — La femme ne peut renoncer au sénatus-consulte Velléien.

1° La prohibition faite à la femme par le sénatus-consulte Velléien reposant à la fois sur une idée de protection et sur un intérêt d'ordre public, on ne peut admettre que la femme ait pu, à son gré, se soustraire à l'incapacité dont elle était frappée. Sans doute, cette pensée politique qui avait présidé à la rédaction du Velléien s'effaça peu à peu, grâce au progrès des mœurs; mais le principe ne disparut jamais complétement, et, le jour où la pratique y fit brèche en admettant dans tous les cas la validité de la renonciation, elle dépassa son droit, car elle combattit en face la vérité théorique. Si donc il est vrai de dire, comme la loi 29, *De pactis*, C., 23 : « Omnes licentiam habere his quæ pro se introducta sunt renuntiare, » il est logique aussi d'appliquer ici cette autre règle, formulée à la loi 6 du même titre : « Pacta quæ contra leges constitutiones jus, vel contra bonos mores fiunt, nullam vim habere indubitati juris est. »

D'ailleurs, admettre pour la femme la possibilité d'une renonciation au sénatus-consulte, ce serait renverser d'un seul coup l'échafaudage si péniblement et si judicieusement élevé du Velléien. Cette opinion conduit inévitablement à une contradiction ; d'un côté, on défend à la femme d'intercéder pour autrui, sous l'excellente raison qu'elle peut céder à un entraînement irréfléchi, et s'obliger sans bien se rendre compte des conséquences que pourra avoir dans l'avenir l'acte qu'elle accomplit ; et, de l'autre, on viendrait lui permettre de renoncer au sénatus-consulte. Mais, si elle doit se faire illusion quand il s'agira d'intercéder, sera-t-elle mieux en garde contre elle-même quand il s'agira de renoncer ? Est-il rien de moins exact que de supposer que la femme sera arrêtée lorsqu'elle saura qu'il existe une disposition législative qui lui défend d'intercéder ? Elle prêtera d'autant moins d'attention à la renonciation qu'elle s'imaginera que l'acte qu'elle fait n'aura aucune conséquence. Qui oserait, enfin,

laire aux jurisconsultes romains, si logiques d'ordinaire et si fortement attachés à leurs théories,
l'injure de croire qu'ils aient rendu commode à ce
point et d'une facilité presque attrayante le
mépris d'une prohibition sévèrement établie par
eux ?

Telles sont les considérations générales sur lesquelles s'appuie cette seconde opinion ; il lui reste
à repousser le second argument de l'opinion adverse, c'est-à-dire à démontrer que les textes
qu'elle invoque ne sont pas probants.

On se trouve de suite en présence de la loi 32,
§ 4, qui, il faut bien l'avouer, constitue en faveur
du premier système un argument d'une grande
force et d'une solidité difficile à ébranler. La
femme, d'après ce texte, renonce valablement au
Velléien, lorsqu'elle prend en justice la défense
de celui pour qui elle a intercédé, et s'expose ainsi
à être condamnée à sa place. Il ne faut point voir
ici une application d'une règle générale, mais
une exception au principe qui défend à la femme
de renoncer au bénéfice du Velléien, exception
qui se comprend sans peine. Étant admis, et cela
n'est douteux pour personne, que la femme peut
payer (l. 4, *in fine*, C., h. t.), il faut, comme conséquence logique, lui permettre d'intervenir en
justice pour le débiteur, puisque cette intervention est considérée comme un paiement que tout
le monde peut faire, même malgré le débiteur.

Quoi de plus naturel et de plus juste que de laisser la femme libre de payer ouvertement et en vertu d'une sentence? Seulement, il faut que le demandeur soit sûr du paiement, et c'est pourquoi la femme ne peut défendre en justice qu'après avoir renoncé à opposer le sénatus-consulte Velléien, au cas où elle serait condamnée. On se récrie contre cette assimilation du paiement à la *defensio pro alio*, assimilation qui, dit-on, n'est pas exacte, et on objecte la loi 2, § 5, D., h. t. Cette objection est plus spécieuse que solide; car, si l'on peut voir une *intercessio* dans la *defensio pro alio*, telle qu'on la suppose à la loi 2, § 5, c'est-à-dire intervenant *a priori*, il est difficile d'y voir autre chose qu'un paiement dans le cas de la loi 32, § 4, c'est-à-dire lorsqu'elle a lieu à la suite d'une *intercessio* préexistante. En vain, l'on répond qu'il n'y a dans la défense en justice de celui pour qui on a intercédé qu'une *intercessio* continuée et, par conséquent, toujours et seulement une *intercessio*; cette assimilation, fût-elle exacte, ce qui est contestable, il n'en résulterait pas encore que la renonciation faite *ab initio* dût avoir le même effet que la renonciation faite lors d'une *intercessio* continuée. Admettre la première, c'est placer à côté du sénatus-consulte Velléien le moyen du monde le plus simple de l'éluder. Au contraire, on peut sans contradiction admettre la seconde, parce que la manifestation de volonté qui la constitue, qu'elle se produise à nouveau ou qu'elle soit seulement continuée, indique un dessein mieux arrêté, plus réfléchi chez la femme, et fait présumer de sa part un intérêt quelconque à intercéder.

De plus, s'il était permis à la femme de renoncer directement à son exception, il serait inconcevable qu'on lui imposât l'obligation de fournir une caution à son créancier ; pour donner pleine sécurité à celui-ci, il suffirait que la femme déclarât qu'elle renonce, et par là son exception serait perdue. Si donc la femme, même après sa renonciation, doit garantir *in jure* et par une caution qu'elle n'usera pas de son privilége, c'est évidemment parce que, après et malgré sa renonciation, elle conserve encore son privilége et peut obtenir du préteur cette même exception à laquelle elle vient de renoncer (1).

L'argument tiré de la loi 3, *Quando mulier tut. off.*, C., 5, 35, et de la Novelle 118, ch. 5, est loin d'être aussi sérieux que celui que le premier système tire de la loi 32, § 4. Comment conclure de la permission de renoncer au sénatus-consulte Velléien, accordée par Justinien à la femme qui veut obtenir la tutelle de ses descendants, qu'une telle renonciation soit toujours permise ? Elle est autorisée dans ce cas particulier, cela est vrai, et personne ne le met en doute ; mais le silence de

(1) Voir M. Gide, *De l condition privée de la femme*, p. 185, not

Justinien ne suffit pas pour qu'on puisse affirmer qu'elle l'était dans tous les cas, et qu'il ne fait qu'appliquer la règle générale.

La réponse à la loi 23, pr., C., h. t., n'est ni plus longue ni plus embarrassante. Il est bien vrai que la femme peut déclarer faussement qu'elle a reçu le prix de son *intercessio* et se soustraire ainsi à l'application du sénatus-consulte ; mais il n'est pas moins vrai que, si elle avait pu renoncer à son gré au Velléien, il n'eût pas été nécessaire de se demander combien il faudrait qu'elle reçût pour prix de son *intercessio*, et comment on constaterait qu'elle avait reçu quelque chose.

Tel est l'exposé de la seconde opinion. Ces considérations avaient fait rejeter la validité de la renonciation par un grand nombre d'auteurs anciens, tels que Doneau (t. III, p. 770-774), Antoine Favre (ad l. 8, § 1, *Qui satisdare cogantur*, D., 2, 8), Vinnius (*Select. juris quæst.*, pars 1, cap. 48); la plupart des auteurs allemands ont adopté cette doctrine ; on peut citer parmi ses défenseurs, Suse, Glück, Cropp, Windscheid, Koch, Sintenis, Thibaut, Wennig, Schweppe, Seuffert, Valett, Mühlembruch, Göschen et Roszhirt Ajoutons que cette doctrine a aussi été adoptée par notre savant professeur M. Gide, dans son remarquable ouvrage sur la *Condition privée de la femme.*

Nous n'hésiterons pas, quant à nous, à décider

que la femme ne peut, en dehors des trois cas exceptionnellement prévus, renoncer au bénéfice du
sénatus-consulte Velléien. La première opinion,
il est vrai, a pour elle un texte qu'il est assez difficile de réfuter, nous voulons parler de la loi 32,
§ 4; quant aux lois 3, *Quando mulier tut. off.*, C., 5,
35, et 23, pr., C., h. t., il serait plus exact de
les écarter du débat; en effet, elles ont pour auteur Justinien, dont le but a été non d'appliquer
mais d'abroger le sénatus-consulte. Quoi qu'il en
soit de la loi 32, § 4; si fort que soit l'argument
que peuvent en tirer nos adversaires, noûs sommes forcés de la considérer comme une exception
au principe; car il nous paraît impossible d'admettre que le législateur, en empêchant la femme
de se soustraire subrepticement à ses ordres, lui
ait permis de s'en affranchir ouvertement, et que,
détruisant lui-même son œuvre, il ait autorisé
d'un côté ce qu'il défendait de l'autre.

A cette considération s'en ajoute une autre que
nous tirons de la loi 22, C., h. t. Dans cette loi,
on le sait, Justinien valide la renonciation de la
femme au sénatus-consulte, si cette renonciation
a lieu deux ans après l'*intercessio*. Si on admettait
en principe la validité de la renonciation, il faudrait dire que, dans cette loi 22, Justinien a apporté une restriction à la faculté accordée à la
femme de renoncer au Velléien. Or, rien ne serait
moins conforme aux habitudes du souverain no-

vateur. qui, loin de mettre des limites aux libertés législatives existant avant lui, s'appliqua toujours, de son propre aveu, à lâcher la bride aux tendances de la jurisprudence. Nous ne saurions croire que. dans le cas qui nous occupe, Justinien, rompant avec ses principes ordinaires, ait voulu apporter des restrictions à un principe établi. Nous préférons admettre que cette loi, comme toutes celles dont Justinien fut l'auteur, fut une loi extensive, et permit à la femme d'échapper, sous certaines conditions, à la défense qui lui était faite de renoncer à l'exception du sénatus-consulte Velléien.

CHAPITRE V.

EFFETS DU SÉNATUS-CONSULTE VELLÉIEN.

Il semble que, pour empêcher les femmes d'intercéder, le sénat aurait dû déclarer nulle toute obligation de la femme *pro alio;* les textes nous montrent que telle n'est pas la sanction de la défense faite à la femme d'intercéder. L'*intercessio* n'est pas nulle *ipso jure*, mais elle ne doit pas produire d'effets, et on arrive à la paralyser par différents moyens.

La loi 16, C., h. t., nous montre que le sénatus-consulte Velléien produit deux sortes d'effets :

« Si mulier alienam suscepit obligationem ; cum
ei per exceptionem Velleiani senatus-consulti suc-
curratur, creditori contra priores debitores rescisoria actio datur. » Ainsi, ces effets sont de deux
sortes : les uns concernent la femme et ont pour
but de la soustraire à l'obligation qu'elle a contractée ; les autres concernent les créanciers, ils
le mettent à l'abri du préjudice que pourrait lui
causer l'annulation de cette obligation. Nous
allons étudier maintenant ces deux sortes d'effets.

SECTION I.

EFFETS DU SÉNATUS-CONSULTE PAR RAPPORT À LA FEMME.

En ce qui concerne la femme, ces effets consis-
tent, tantôt dans un refus d'action, tantôt dans
une exception, réplique ou duplique, tantôt dans
une *condictio indebiti* ou une revendication.

Remarquons que tout cela est facultatif pour la
femme, qui est parfaitement libre de ne pas se
soustraire à l'action, de ne pas opposer l'exception ou la réplique, ou de ne pas exercer de *condictio indebiti* ou de revendication. Paul nous dit
en effet, à la loi 31, D., h. t. : « Si mulier, quod
ex intercessione solvit, nolit repetere, sed mandati agere, et cavere velit de indemnitate reo,
audienda est. » La femme peut donc payer ce à

quoi elle s'était obligée par *intercessio*, et ensuite agir par l'action *mandati* contre le débiteur pour qui elle a intercédé, pourvu qu'elle l'assure par une caution, « cavere de indemnitate reo, » pour le cas où le créancier exercerait contre lui, malgré le paiement, l'action restitutoire.

§ I. — *Du refus d'action.*

Cet effet est indiqué de la manière la plus formelle par les termes mêmes du sénatus-consulte : « Ne eo nomine ab his petitio neve in eas actio detur. » Le sénat veut qu'il ne soit donné contre la femme ni action réelle (*petitio*) ni action personnelle (ll. 28, *De oblig. et act.*, 44, 7 ; et 178, § 2, *De verb. signif.*, 50, 16, D.) ; mais pour que le préteur puisse employer ce moyen, il faut qu'il n'y ait pas de contestation sur l'existence de l'*intercessio*, et comme il y en a presque toujours, c'est en général l'exception qu'il accordera.

§ II. — *De l'exception du sénatus-consulte Velléien.*

1° *Dans quels cas elle se donne.* — Le préteur insère dans la formule l'exception du sénatus-consulte Velléien lorsqu'il y a contestation sur l'existence même d'une *intercessio*, ou bien, cette question étant résolue affirmativement, lorsqu'il s'agit de savoir si la femme se trouve dans un des cas d'exception au sénatus-consulte dont nous avons parlé.

La formule de cette exception n'est rapportée dans aucun texte, on peut cependant, par analogie, supposer qu'elle était conçue en ces termes : « Si nihil in ea re contra senatus-consultum Velléianum factum sit. »

2° *Nature de cette exception.* — Elle est perpétuelle et péremptoire (l. 3, *De except.*, D., 44, 1). Elle est *rei cohærens*, c'est-à-dire attachée à la chose et non à la personne (l. 7, § 1. D., eod. tit.). Cela signifie qu'elle n'est pas donnée aux femmes en tant que femmes, mais en tant qu'ayant intercédé. « Non datur exceptio mulieribus quia mulieres sunt, sed ob hanc rem quia intercesserunt » (Doneau, l. XII, ch. XXX, § 3).

3° *A qui elle est donnée.* — Cette exception, nous venons de le voir, est *rei cohærens*; de ce principe découlent des conséquences importantes; il en résulte qu'elle est donnée non-seulement à la femme, mais encore à quiconque est obligé par suite de l'*intercessio*.

C'est ainsi qu'elle est donnée :

1° Aux héritiers de la femme (l. 20, C., h. t.);

2° Aux mandataires de la femme (ll. 30, § 1, D., h. t., et 15, C., h. t.);

3° Aux fidéjusseurs de la femme, qu'ils aient agi ou non en vertu de son mandat. Ils peuvent opposer l'exception, non-seulement lorsque, ayant agi comme mandataires, ils peuvent recourir contre la femme par l'action *mandati contraria*, mais encore lorsque, ayant agi *donandi animo*, ils n'ont point de recours à exercer contre elle (ll. 16, § 1, D., et 14, C., h. t.). Cette décision n'était pas admise par Gaïus Cassius, qui faisait une distinction entre ces deux hypothèses, par analogie à ce qui a lieu dans l'application du sénatus-consulte Macédonien ; le fidéjusseur du fils de famille ne peut, en effet, opposer l'exception du sénatus-consulte Macédonien que s'il s'est obligé *donandi animo* (l. 9, § 3, *De senatus-consulto Macedoniano*, D., 14, 7). Julien, dans la loi 16, § 1. D., h. t., repousse cette opinion et admet l'exception dans les deux cas ; il justifie sa décision en disant que le sénatus-consulte *totam obligationem improbat*. En effet, le sénatus-consulte Velléien réduit à néant l'engagement pris par la femme ; il ne laisse pas même subsister une obligation naturelle. Que le fidéjusseur se soit obligé comme mandataire, ou qu'il se soit obligé *donandi animo*, sa position est la même ; il peut, dans les deux cas, être repoussé par l'exception du sénatus-consulte lorsqu'il voudra recourir contre la femme ; et, dans l'un comme dans l'autre, son obligation resterait à sa charge, si on ne lui avait aussi accordé l'exception. On comprend donc bien que Julien ait pu, avec juste raison, repousser la distinction qu'une apparence d'analogie entre cette situation et celle qui résulte du sénatus-consulte Macédonien avait fait admettre à tort au jurisconsulte Gaius Cassius.

4° Au tiers qui a hypothéqué sa chose pour garantir l'*intercessio* de la femme (l. 2, *Quæ res pign.*, D., 20, 3). Ce tiers est une caution réelle, qui peut, comme le fidéjusseur, opposer l'exception du sénatus-consulte Velléien, quand il a hypothéqué sa chose, même sans mandat de la femme et *animo donandi*.

5° Au délégué de la femme qui n'était pas véritablement son débiteur. On l'assimile à un fidéjusseur (l. 8, §§ 4 et 6, D., h. t.).

6° Au fidéjusseur du débiteur principal. Mais, pour avoir cette exception, il faut que ce fidéjusseur se soit obligé sur le mandat de la femme ; il faut, de plus, que le créancier ait été de mauvaise foi, c'est-à-dire ait su que le fidéjusseur était mandataire de la femme (ll. 6, 30, §§ 1 et 32, § 3, D., h. t.). Si, au contraire, le créancier avait été de bonne foi, c'est-à-dire s'il avait ignoré que la femme eût donné mandat au fidéjusseur du débiteur principal, Pomponius dit, à la loi 32, § 3, qu'il ne pourrait pas être repoussé par ce fidéjusseur ; et Ulpien dit à la loi 6 que, si le fidéjusseur voulait repousser le créancier par l'exception du sénatus-consulte, on l'écarterait par la réplique de dol. Ainsi, dans ce cas, le fidéjusseur serait tenu vis-à-vis du créancier et n'au-

rait aucun recours à exercer contre la femme,
car celle-ci, d'après la loi 7, D., h. t., le repous-
serait par l'exception du sénatus-consulte à laquelle il ne pourrait opposer la réplique de dol :
« quia facti non potest ignorantiam prætendere. »
Tel serait le résultat rigoureux auquel conduirait
l'application des principes ; mais Papinien, dans
cette même loi 7, indique un moyen équitable de
venir au secours du fidéjusseur : « Sed non erit
iniquum, dari negotiorum gestorum actionem in
defensorem : quia mandati causa per senatus-
consultum constituitur irrita, et pecunia fidejus-
soris liberatur. » Le fidéjusseur aura donc une
action *negotiorum gestorum* contre le débiteur,
dont en définitive il a payé la dette.

4° *A qui elle peut être opposée.* — Elle est donnée
contre quiconque agit en vertu de l'*intercessio* de
la femme, non-seulement contre le créancier,
mais encore contre le fidéjusseur et le mandataire de la femme qui voudraient recourir contre
elle (ll. 7, et 32, § 3, D., h. t.). Elle est encore donnée dans l'hypothèse rapportée par Africain à la loi 19, § 5, contre celui qui agit *ex stipulatu* contre la femme, et qu'il assimile au fidéjusseur de la femme : « Ejus loco qui pro muliere
fidejusserit, haberi me debere. »

5° *Durée de cette exception.* — Elle est perpétuelle, mais elle se distingue des autres exceptions perpétuelles en ce que, contrairement à

celles-ci, elle peut être opposée par le défendeur même après que la sentence a été rendue ; c'est ce qui nous est indiqué par la loi 11, *De senatus-consulto Maced.*, D., 14, 6, qui pose la même règle pour l'exception du sénatus-consulte Macédonien.

§ III. — *De la réplique du sénatus-consulte Velléien.*

Lorsque l'exception du sénatus-consulte Velléien se présente sous la forme d'une exception à une autre exception, elle prend le nom de réplique (l. 2, §1, *De except.*, D., 44, 1). Nous avons déjà rencontré cette réplique dans les lois 17, §1. et 32, § 2, D., h. t. (1); elle est soumise aux mêmes règles et réunit les mêmes caractères que l'exception, tout ce que nous avons dit de l'exception dans le paragraphe précédent lui est applicable.

§ IV. — *De la condictio indebiti.*

Lorsque la femme a payé ce à quoi elle s'était obligée par *intercessio*, l'exception et la réplique ne peuvent plus lui venir en aide. C'est alors qu'elle peut avoir recours à la *condictio indebiti* pour répéter ce qu'elle a payé dans l'ignorance de l'exception perpétuelle que lui donnait le sénatus-

(1) Voir pages 28 et 32.

consulte (ll. 9, C., h. t.; 8, § 3, D., h. t.: 26, § 3 et 40, *De condict. ind.*, D., 12, 6). Bien qu'il y ait dans ce cas erreur de droit de la part de la femme, il y a lieu d'appliquer la *condictio indebiti*; quelle que soit, en effet, la solution qu'on adopte sur la question de savoir si l'erreur de droit peut donner lieu en principe à une *condictio indebiti*; les lois 8 et 9, pr. *De juris et facti ign.*, D., 22, 6, nous montrent que les femmes peuvent s'en prévaloir. Il est bien entendu que la femme ne peut répéter, lorsqu'elle a payé, sachant bien qu'en vertu du sénatus-consulte, elle n'était pas tenue : « Indebitum solutum sciens non recte repetit » (ll. 9, pr., *De condict. indeb.*, C., 4, 5 et 23, § 6, *De condict. ind.*, D., 12, 6).

Il n'y a pas lieu non plus à la *condictio indebiti*, lorsque la femme, comme nous l'avons déjà vu, paie la dette d'autrui, sans s'y être préalablement obligée (ll. 4, § 1, et 5, D.; et 4 et 9, C., h. t.).

La femme peut exercer la *condictio indebiti*, quand, au lieu de payer, elle a délégué son débiteur au créancier pour accomplir son obligation : « solvit enim qui reum delegat, » dit Ulpien à la loi 8, § 3, D., h. t.

Cette *condictio indebiti* est donnée contre quiconque a reçu ce qui lui a été payé en exécution de l'*intercessio* de la femme; elle est donnée non-seulement à la femme, mais encore au tiers délégué par la femme, lorsque ce tiers s'est obligé envers le délégataire et l'a payé, se croyant par erreur débiteur de la femme délégante. Il aurait pu aussi se dispenser de payer, soit en opposant l'exception du sénatus-consulte au créancier, en qualité de mandataire de la femme, soit en agissant par la *condict. incerti* contre le créancier pour que celui-ci le libère par acceptilation : « Ut acceptam faciat stipulationem » (ll. 2, § 4, *De donat.*, D., 39, 5; et 7, § 1, *De doli mali et met. excep.*, D., 44, 4).

Nous avons vu, dans la loi 19, § 5, qu'Africain donne aussi cette *condictio indebiti* au créancier de la femme, envers qui celle-ci a contracté une obligation, qui n'a été pour elle qu'un moyen d'intercéder.

§ V. — *De la revendication.*

La *condictio indebiti* dont nous venons de parler est utile à la femme lorsqu'elle a payé ce dont elle était tenue par suite de son *intercessio;* mais elle ne suffirait plus, si pour exécuter son obligation elle avait vendu ou livré sa chose, ou si elle l'avait grevée d'un droit de gage ou d'hypothèque. C'est alors qu'on vient à son secours en lui accordant un droit de revendication qui lui permet de rentrer dans les droits qu'elle a aliénés *intercessionis causa.*

La femme peut donc revendiquer sa chose ou son droit. Le § 1 de la loi 32, D., h. t., nous montre qu'elle pourrait revendiquer le fonds qu'elle a donné en gage, nême entre les mains d'un tiers possesseur de bonne foi. Le vendeur n'a pu, en effet, transmettre à son acheteur plus de droits qu'il n'en avait lui-même ; or, il n'avait pas un droit réel valable ; c'est ce motif que Pomponius indique par ces mots : « Ne melioris conditionis emptor sit quam fuerit venditor. » Cependant le jurisconsulte semble vouloir dire que l'opinion qu'il rapporte n'était pas admise sans contestation, car il dit : « vera est eorum opinio qui..... »

La femme pourra aussi, d'après le § 2 de la même loi, revendiquer le fonds qu'elle a vendu au créancier de son mari, afin que celui-ci soit libéré. Le créancier lui opposera, il est vrai, l'exception *rei emptæ et traditæ*, mais la femme lui répondra par la réplique *aut si ea vendita contra senatus-consultum facta sit.*

Remarquons que, dans le cas de la revendication, l'argument tiré du sénatus-consulte se présentera toujours sous la forme d'une réplique, réplique qui permettra à la femme de paralyser l'exception tirée de la convention de gage ou de la vente.

§ VI. — *Le sénatus-consulte Velléien ne permet pas que la femme soit obligée même naturellement.*

Le sénatus-consulte Velléien, à la différence du sénatus-consulte Macédonien, ne laisse pas même subsister d'obligation naturelle, « totam obligationem senatus improbat » (l. 16, § 1, D., h. t.). Cette différence tient à ce que, dans le cas du Velléien, l'exception est donnée *ejus causa quam quo agitur*, c'est-à-dire, dans l'intérêt de la femme, tandis que, dans l'hypothèse du Macédonien, elle est donnée en haine du créancier.

La femme qui, contrairement au sénatus-consulte Velléien, a contracté une obligation *pro alio*, n'est donc tenue ni civilement, ni naturellement; cela résulte, à n'en pas douter, des effets qu'on vient de voir attachés au sénatus-consulte à l'égard de la femme. En effet, celle-ci peut exercer la *condictio indebiti*, et elle n'en aurait pas le droit si elle était obligée naturellement. Car c'est précisément un des caractères de l'obligation naturelle d'empêcher la répétition de ce qui a été payé pour son exécution; aussi, a-t-on pu dire avec raison que la *condictio indebiti* était la *pierre de touche* de l'obligation naturelle (ll. 13 et 19, *De condict. indeb.*, D., 12, 6; 10, *De oblig. et act.*, D., 44, 7; et 16, § 4, *De fidejuss.*, D., 46, 1).

Un des signes caractéristiques de l'obligation

naturelle, c'est aussi qu'elle peut donner lieu à uno fidéjussion. Or, la loi 16, § 1, D., h. t., nous montre que, quand il s'agit d'une fidéjussion s'appliquant à la dette contractée par une femme qui a intercédé, cette fidéjussion est nulle, et que le fidéjusseur peut, dans tous les cas, opposer au créancier l'exception du sénatus-consulte. Le texte nous indique que cette opinion avait prévalu, contrairement à l'avis de certains jurisconsultes, qui voulaient user ici d'une distinction et valider la fidéjussion dans le cas où elle aurait eu lieu sans mandat de la femme.

Enfin Gaius, dans la loi 2, *Quæ res pign.*, D., 20, 3, n'admet pas la validité du gage donné comme garantie de l'*intercessio*. Cela tend à prouver que l'obligation naturelle n'existe pas, car le gage ou l'hypothèque sont valables par cela seul qu'ils garantissent uno obligation naturelle.

SECTION II.

EFFETS DU SÉNATUS-CONSULTE VELLÉIEN PAR RAPPORT AU CRÉANCIER, OU DE LA RESTITUTION D'ACTION.

Nous venons de voir que la défense d'intercéder, faite à la femme, avait pour sanction la suppression de toute action contre la femme, ou le droit qu'on donnait à celle-ci de repousser, au moyen d'une exception, celui envers qui elle s'était obligée. A la rigueur, cela pouvait suffire, mais aurait abouti, en définitive, à un résultat inique, car le débiteur se serait trouvé libéré gratuitement aux dépens du créancier. Pour remédier à cette lacune, le préteur restituait au créancier l'action primitive qu'il avait contre son débiteur, et que l'*intercessio* de la femme lui avait fait perdre.

C'est de cette restitution d'action que nous allons parler, en remarquant d'abord qu'il ne peut être question de l'*intercessio* qui a lieu lorsque la femme accède à une obligation primitive sans que, pour cela, le débiteur soit libéré. Dans ce cas, en effet, les rapports du créancier avec son débiteur restent les mêmes, et lorsque l'obligation de la femme se trouve anéantie par suite du sénatus-consulte, le créancier ne perd rien, puisqu'il a conservé son action contre le débiteur primitif. S'il n'a rien perdu, il n'y a rien à lui restituer.

Supposons donc qu'il s'agit d'une *intercessio* par laquelle la femme a pris, en s'obligeant, la place du débiteur primitif. qui s'est trouvé libéré, et examinons la nature, les effets et la durée de l'action restitutoire.

1° *Nature de la restitution.* — D'après Doneau et Voët, la restitution d'action dont il s'agit est une véritable *restitutio in integrum* dont la cause n'est pas comprise spécialement dans l'édit, mais se trouve suffisamment autorisée par ces mots :

« Item si qua alia mihi justa causa esse videbi-
tur, in integrum restituam » (l. 1, § 1, D., *Ex
quibus causis maj... 4, 6*).

Nous n'admettons pas cette opinion à laquelle
on peut faire plusieurs objections sérieuses :

Aucun texte du titre du Digeste consacré à l'*in
integrum restitutio* ne fait la moindre allusion à la
restitution d'action dans le cas du sénatus-consulte Velléien. La loi 3, *De in integr. restit.* D., 4, 1,
dit que le préteur ne peut accorder l'*in integrum
restitutio* que *causa cognita;* or, aucun des textes
qui parlent de la restitution d'action dans le cas
du Velléien ne montre que cette restitution soit
précédée de la *causæ cognitio*, et se fasse en vertu
d'un décret du préteur. La loi 10, D., h. t., dit
que l'action restitutoire est perpétuelle, « perpetuo
competit, » tandis que la *restitutio in integrum*
doit, sous peine de déchéance, être demandée dans
un certain délai, une année utile dans l'ancien
droit, quatre ans continus depuis Justinien.

La loi 8, § 13, D., h. t., donne l'action restitutoire au créancier, alors même qu'il aurait un
autre moyen de se faire rembourser ; tandis que
la loi 16, pr., D., *De minoribus*, 4, 4, n'accorde
l'*in integrum restitutio* que comme dernière ressource et dans le cas seulement où tout autre secours ferait défaut.

Enfin Gaius, à la loi 12, *De minoribus*, D., 4, 4,
dit, en parlant de l'action restitutoire, « communi

jure in priorem debitorem actio restituitur. » Ces expressions indiquent bien que la restitution d'action est de droit commun. Il désigne au contraire l'*in integrum restitutio* sous le nom d'*extraordinarium auxilium*, et tous les autres jurisconsultes se servent des mêmes expressions. Cela prouve bien que l'*in integrum restitutio* est tout à fait en dehors du droit commun.

En présence de ces différences, nous ne pouvons regarder la restitution d'action comme une véritable *restitutio in integrum*. Pour nous, l'action restituée au créancier n'est autre que l'action primitive; et cela explique pourquoi les textes qualifient cette action d'*utilis, restitutoria, rescisoria*. Introduite par le préteur, elle rend au créancier son action primitive, et ne tient aucun compte de l'*intercessio* de la femme.

2° *A qui et contre qui l'action est restituée.* — L'action est restituée, en général, à tous ceux à qui la femme peut opposer l'exception du sénatusconsulte. C'est ainsi que la loi 10, D., h. t., nous dit qu'elle appartient non-seulement au créancier, mais encore à ses héritiers, ou à ses autres successeurs. Cependant, lorsqu'il y a plusieurs co-créanciers, l'action n'est pas toujours restituée à chacun d'eux. Ulpien suppose dans la loi 8. § 11, D.. h. t., qu'il y a deux *correi stipulandi*, et que la femme a intercédé pour le débiteur envers l'un d'eux seulement dans l'espèce, l'action ne sera resituée qu'au créancier envers lequel la femme s'est obligée : « ei soli restituitur obligatio apud quem intercessit. » Quant à l'autre, il n'a aucun droit à la restitution, puisque le sénatus-consulte n'a jamais pu être invoqué contre lui.

D'après cette même loi 8, § 11, l'action est restituée contre tous ceux qui se sont trouvés libérés par l'effet de l'*intercessio* de la femme ; car il est juste que le créancier soit remis dans la position même où il était avant l'*intercessio*, « integra causa pristina restituenda est » (l. 14, D., h. t.).

L'action est donc restituée :

1° Contre l'ancien débiteur principal, « in veterem debitorem » (l. 1, § 2, D., h. t.);

2° Contre les héritiers et autres successeurs du défunt (l. 1, § 2, D., h. t.);

3° Contre les fidéjusseurs (l. 14, D., h. t.);

4° Contre chacun des *correi promittendi*, même si la femme n'a intercédé que pour l'un d'entre eux (l. 20, D., h. t.); car, dans ce dernier cas, ils se trouvent tous libérés par l'*intercessio* de la femme (l. 2, *De duobus reis constit.*, D., 45, 2);

5° Contre la femme elle-même si elle a succédé au débiteur primitif (l. 8, § 13, D., h. t.). Ulpien permet, dans ce cas, au créancier, d'agir contre la femme soit par l'action directe résultant de son *intercessio*, soit par l'action restitutoire, car, dit-il, « nihil mulieris interest qua actione conveniatur. »

6° Contre le maître de l'esclave ou le père du

fils de famille pour qui la femme a intercédé (ll. 9 et 32, § 5, D., h. t.);

7° Contre celui qui n'a jamais été débiteur, parce que l'*intercessio* de la femme l'a dispensé de s'obliger (l. 8, § 14, D., h. t.). On ne peut dire, dans ce cas, qu'il y ait véritablement restitution d'action, puisqu'il n'a jamais existé d'action contre celui pour qui la femme a intercédé. Aussi Ulpien nous dit-il que le préteur « instituit magis quam restituit obligationem. »

Ulpien, ajoute à la fin du paragraphe que nous venons de citer : « Ut perinde obligeris eodem genere obligationis, quo mulier est obligata. Verbis gratia, si per stipulationem mulier, et tu, quasi ex stipulatu convenieris. » Ainsi l'action du créancier contre le débiteur sera de la même nature que celle qu'il aurait eue contre la femme si elle eût été valablement obligée; si la femme, par exemple, avait contracté *verbis*, le débiteur serait tenu de l'action *ex stipulatu*.

3° Cas dans lesquels la restitution d'action n'a pas lieu. — Nous venons de dire qu'en règle générale, l'action est restituée contre tout débiteur, à tout créancier; il y a cependant des cas dans lesquels cette restitution n'a pas lieu, et dans lesquels, par conséquent, le débiteur primitif est définitivement libéré.

L'action n'est pas restituée :

1° Dans tous les cas d'exception au sénatus-consulte Velléien que nous avons énumérés au chap. IV. Dans tous ces cas, en effet, la femme est obligée efficacement.

2° Lorsque la femme a payé et ne peut répéter, parce qu'elle a payé sachant bien qu'elle pouvait se dispenser de le faire (l. 8, § 10, D., h. t.);

3° Dans l'hypothèse de la loi 8, § 8, D., h. t., lorsque le créancier a fait acceptilation à son débiteur à condition que celui-ci lui fournirait un *expromissor*, si le débiteur présente une femme pour s'obliger à sa place. Dans ce cas, l'action utile n'est pas nécessaire au créancier, bien qu'il ait perdu son action primitive; car il a contre son débiteur une *condictio*, résultant de ce que celui-ci n'a pas rempli la condition sous laquelle il a été libéré, c'est la *condictio ob rem dati re non secula;* qu'importe, en effet, que ce débiteur ait fourni un *expromissor* qui ne peut s'obliger, ou qu'il n'en ait pas fourni du tout, « quid enim interest, dit Ulpien, non det aut talem det? Non erit igitur actio utilis necessaria, cum condictio competit » (Id. l. 4, *De condict. causa data*, D., 12, 4).

4° Lorsque l'action, fût-elle restituée au créancier, ne pourrait lui être utile à raison de la qualité du débiteur. La loi 8, § 15, cite comme exemple le cas où une femme a intercédé pour un pupille qui s'est obligé sans l'autorisation du tuteur et ne peut par conséquent être poursuivi, s'il ne s'est pas enrichi par suite du contrat ; pour un mineur de vingt-cinq ans dans un des cas où il peut demander l'*in integrum restitutio*; pour un fils de famille qui s'est obligé contrairement aux dispositions du sénatus-consulte Macédonien. Ulpien dit que dans tous ces cas le créancier n'a aucun recours ni contre la femme, ni contre le débiteur primitif.

5° La loi 13, § 1, présente une hypothèse dans laquelle le créancier n'a pas besoin de la restitution d'action, au moins quant à l'action hypothécaire qui subsiste à son profit, l'action principale fût-elle perdue pour n'avoir pas été restituée en temps utile. On pourrait s'étonner de ce résultat qui paraît contraire à ce principe que l'accessoire ne peut survivre au principal. Cela s'explique pourtant, car, en droit romain, l'action hypothécaire a une existence propre et indépendante de l'action principale; elle ne peut s'étendre que dans certains cas déterminés. « Suas conditiones habet hypothecaria actio, id est, si soluta est pecunia, aut satisfactum est, quibus cessantibus tenet » (l. 13, § 4, *De pign. et hypothec.*, D., 20, 1). Or, dans la loi 13, § 1, D., h. t., nous ne trouvons aucun des cas d'extinction de l'action hypothécaire énoncés dans la loi 13, § 4, D., 20, 1. Le créancier n'a pas été payé, et il n'a pas reçu de satisfaction réelle, car l'*intercessio* de la femme est pour lui comme non avenue; l'hypothèque subsiste donc et le créancier peut exercer l'action réelle qui en résulte, comme s'il n'y avait pas eu *intercessio*, « quia verum est, dit Gaius, convenisse de pignoribus, nec solutam esse pecuniam (1). »

Dans l'hypothèse précédente, nous venons de voir l'action hypothécaire survivre à l'action principale. La loi 29, pr., D., h. t., nous montre que le préteur peut non-seulement donner au créancier une action nouvelle contr. le débiteur primitif, mais encore y ajouter une action hypothécaire contre le débiteur qui ne lui a jamais consenti d'hypothèque. Paul suppose dans cette loi que la femme a reçu de ceux pour qui elle intercédait un gage ou une hypothèque. Si le créancier savait que la femme s'obligeait pour d'autres, il y a lieu d'appliquer le sénatus-consulte; la femme peut opposer l'exception au créancier et le gage qu'elle-même avait donné ne reste pas affecté à la sûreté de la dette. D'après le jurisconsulte, le préteur fera sagement, « non sine ratione, » de donner d'abord au créancier une action personnelle contre les débiteurs, « in principales debitores , » c'est-à-dire contre ceux qui seraient devenus débiteurs sans l'*intercessio* de la femme, et d'y ajouter une action hypothécaire sur les choses qu'elle avait reçues d'eux en gage, « etiam in res quæ mulieri obligatæ sunt, » comme

<hr>

(1) Voir M. Machelard, *Textes sur les hypothèques*, pages 131 et 164.

si c'était au créancier lui-même qu'elles eussent été engagées.

La loi 8, § 9, D., h. t., décide, d'après l'opinion de Marcellus, que si, après l'*intercessio*, le créancier a fait acceptilation à la femme, on ne lui donnera pas moins l'action restitutoire ; car, dit Ulpien, « inanem obligationem dimisit. » Mais si la femme avait valablement contracté, si elle se trouvait dans un des cas d'exception au sénatus-consulte, toute restitution d'action serait impossible ; car alors le créancier, par son acceptilation, aurait renoncé à une obligation valable.

Ulpien rapporte aussi, au § 12 de la même loi, l'opinion de Julien, d'après laquelle, lorsque le créancier devient héritier de la femme, la confusion n'empêche pas que l'action lui soit restituée, « non, immerito, cum non obligatæ succurrerit. »

En terminant cette énumération des cas dans lesquels il n'y a pas lieu de donner au créancier l'action restitutoire, remarquons qu'il n'est pas nécessaire que le créancier soit de bonne foi pour que cette restitution ait lieu. Au contraire, on ne pourrait lui opposer le sénatus consulte s'il était de bonne foi, et nous savons qu'il n'y a pas lieu à restitution d'action quand la femme ne peut opposer l'exception. Cela ressort du reste de la loi 29, pr., D., h. t., que nous avons rapportée pl   haut, et qui suppose que le créancier lui-même « mulieram ream elegit, » et que, par conséquent, il n'ignorait pas l'*intercessio*.

4° *Depuis quand et jusqu'à quelle époque l'action restitutoire peut être exercée.* — Paul, dans la loi 24, § 2, examine la question de savoir à partir de quelle époque le créancier peut exercer l'action restitutoire, et termine par ces mots : « Puto statim, et non expectandam solutionem. » Ainsi, le créancier n'a pas besoin d'attendre que le sénatus-consulte Velléien ait produit son effet pour agir contre la femme; il peut exercer son action même avant que la femme ait payé, ou bien avant qu'elle ait exercé la *condictio indebiti*, si elle a payé, ou bien encore, si l'obligation de la femme est à terme ou conditionnelle, avant que le terme soit échu ou la condition réalisée. Cette décision du jurisconsulte qui, au premier abord, peut paraître étonnante, s'explique très-bien si l'on se rappelle l'inefficacité complète de l'obligation contractée par la femme. D'ailleurs, imposer des délais au créancier, c'eût été prolonger pour de simples éventualités l'incertitude dans laquelle il se trouve.

Nous avons déjà dit au commencement de cette section que la restitution d'action est perpétuelle, « perpetuo competit, » c'est-à-dire qu'elle ne doit pas nécessairement, et sous peine de déchéance, être demandée dans un certain délai; et nous avons constaté qu'elle différait en cela de la *resti-*

tutio in integrum, qui ne peut être demandée que pendant une année utile ou quatre ans continus depuis Justinien.

Mais il ne faudrait pas conclure des mots « perpetuo competit » qui se trouvent dans la loi 10, D., h. t., que l'action restitutoire soit toujours et quand même une action perpétuelle. Il faut les entendre en ce sens que l'action est perpétuelle toutes les fois que l'action primitive l'était aussi; au contraire, l'action était-elle temporaire, l'action restitutoire le sera aussi. Paul, de qui est cette loi 10, dit, en effet, dans la loi 24, § 3, D., h. t. : « Si pro eo qui temporali actione teneretur, mulier intercesserit, temporalis actio restituetur, » et Julien, à la loi 14, D., h. t., pose en principe que la *pristina actio* doit être restituée *integra*.

Les derniers mots de la loi 24, § 3, que nous venons de citer sont assez difficiles à comprendre; « temporalis actio restituetur, dit le texte, sic tamen ut ex præcedenti causa, continua tempora numerarontur post restitutionem : *quamvis* statim atque intercessit mulier competierat. » Pothier, (Pandectes, *ad senatus-consultum Vell.*, n° 46), corrige le texte dans lequel il remplace *quamvis* par *quia* ou *quoniam*. Paul a voulu dire, d'après lui, et cette opinion était aussi celle de Cujas, que la durée de l'action restitutoire doit commencer à courir du jour où l'obligation a été contractée avec l'ancien débiteur, *parce que* jamais le créancier n'a été empêché d'agir contre lui. On pourrait, d'après nous, donner à ce texte un autre sens en le lisant tel qu'il est écrit ; Paul a voulu dire que, pour calculer la durée de l'action restitutoire, il faut additionner le temps qui s'est écoulé depuis le jour où l'obligation est née jusqu'à celui de l'*intercessio* de la femme, « ex præcedenti causa, » et le temps qui a couru à partir du jour où l'action a été restituée, « post restitutionem, » mais on ne tiendra pas compte de l'espace de temps qui s'est écoulé depuis l'*intercessio* jusqu'à la restitution, quoique « quamvis » cette restitution ait pu être demandée par le créancier aussitôt après l'*intercessio*.

Cette explication, dont le sens diffère de l'explication donnée par Pothier, a sur cette dernière l'avantage de lire le texte sans le corriger

CHAPITRE VI.

INNOVATIONS DE JUSTINIEN.

Nous avons déjà rencontré, dans les chapitres précédents, quatre innovations apportées par Justinien à la théorie du sénatus-consulte Velléien ; nous avons vu que la femme serait désormais efficacement obligée, dans quatre circonstances où elle pouvait, avant Justinien, invoquer l'exception du sénatus-consulte ; à savoir :

1° Lorsque, après deux ans, la femme renouvelle son *intercessio* (l. 22, C., h. t.);

2° Lorsqu'elle a reçu quelque chose pour intercéder (l. 23, pr., § 1, C., h. t.);

3° Lorsqu'elle intercède *pro libertate* (l. 24, C., h. t.);

4° Lorsqu'elle intercède *pro dote* (l. 25, C., h. t.).

Il reste deux innovations dont nous n'avons pas encore parlé, et qui méritent une attention spéciale, ce sont : la formalité d'un acte public et l'*intercessio* des femmes pour leurs maris.

Chacun de ces points formera l'objet d'une section particulière.

SECTION I.

DE LA FORMALITÉ D'UN ACTE PUBLIC.

L'innovation dont il s'agit est contenue dans le § 2 de la loi 23, C., h. t. : « Ne autem mulieres perperam sese pro aliis interponant, sancimus non aliter eas in tali contractu posse pro aliis sese obligare nisi in instrumento publice confecto et a tribus testibus subsignato, accipiant homines a muliere pro aliis confessionem..... » Ainsi, Justinien décide dans cette loi que la femme ne pourra intercéder que par acte public revêtu de la signature de trois témoins ; ces formalités sont-elles remplies, ajoute-t-il, tout se passe conformément aux règles de l'ancien droit relatives à l'*intercessio* des femmes ; ne le sont-elles pas, c'est alors comme s'il n'y avait pas eu de convention, l'opération entière est frappée de nullité, « pro nihilo habeatur, » absolument comme si la femme n'avait rien fait du tout.

La règle tracée par Justinien est très-nette, la sanction en est très-simple ; cependant, il est assez difficile de comprendre dans quels cas cette constitution est applicable, et, sur ce point, plusieurs opinions sont en présence.

Dans un premier système, on soutient que la formalité de l'acte public est exigée seulement dans les cas où la femme intercédante peut invoquer le sénatus-consulte Velléien, et que les cas exceptionnellement permis restent exempts de formes. D'après ce système, la loi 23, § 2, aurait eu simplement pour but de faire considérer comme absolument nulles et non avenues les intercessions défendues par le sénatus-consulte, lorsque la formalité d'un acte public n'aurait pas été observée. En quoi consisterait donc l'innovation et quelle serait l'utilité de la loi 23, § 2, puisque même avant elle l'exception pouvait être opposée à toute époque même avant que l'obligation de la femme ait sorti son effet, puisque la femme qui avait intercédé pouvait, après avoir accompli son obligation, intenter la *condictio indebiti* ; puisqu'elle pouvait revendiquer les choses qu'elle avait aliénées *intercessionis causa* ; en un mot, puisque la nullité de l'obligation produisait déjà tous les effets d'une nullité absolue ? Ce système est d'ailleurs condamné par les termes mêmes de la loi 23, § 2, qui dit formellement que la théorie ancienne et nouvelle concernant l'*intercessio* des femmes ne trouvera son application que si les formes prescrites ont été observées, « tunc enim tantummodo..... omnia.....; » si ces formes, au contraire, ont été négligées, toute cette théorie devient inapplicable et est remplacée par cette disposition expresse que l'opération est considérée comme nulle et non avenue, « sin autem extra..... pro nihilo habeatur. » Il est évident que Justinien n'a distingué en aucune façon si l'on se trouve ou non dans un des cas d'exception au sénatus-consulte.

D'après une autre opinion, ces cas exceptionnellement permis sont précisément ceux que la loi soumet à certaines formes, puisqu'elle déclare renvoyer purement et simplement à la législation ancienne lorsque les formalités nouvelles ont été remplies. Pour les autres cas d'*intercessio*, c'est-à-dire pour ceux que le droit classique et le droit nouveau frappent de nullité, ils restent non avenus, bien que la femme se soit obligée par un acte public signé de trois témoins. Tel est, selon nous, le sens de cette loi 23, § 2.

Mentionnons toutefois, en terminant, un troisième système, imaginé de nos jours en Allemagne, par Valett, et d'après lequel toute *intercessio* faite dans les formes de la loi 23, § 2, serait valable. Ce système est trop manifestement contraire à l'esprit comme au texte de la constitution dont nous nous occupons, pour que nous puissions l'adopter.

SECTION II.

DU CAS OU LA FEMME INTERCÈDE POUR SON MARI.

Nous avons dit, en commençant, que la défense d'intercéder pour autrui avait été introduite dans le droit par les prudents dès le temps de la République, et que des édits d'Auguste et de Claude l'avaient confirmée en l'appliquant spécialement au cas où elle devait être le plus utile, celui où les femmes intercéderaient pour leurs maris. Ces édits contiennent la première mention d'un droit spécial aux femmes mariées, la seule même, jusqu'à la nouvelle législation, qui fut introduite par Justinien, par la Novelle 134, ch. VIII, reproduite au Code où elle forme l'Authentique *si qua mulier* mise à la suite de la loi 22 ; car, sous l'empire du sénatus-consulte Velléien, toutes les dispositions de ce sénatus-consulte étaient applicables aux femmes mariées comme aux autres.

Justinien décide dans cette Novelle que, si une femme s'oblige conjointement avec son mari, ou souscrit un engagement à la suite du sien, cette obligation ou cet engagement seront radicalement nuls et non avenus quand même la femme les aurait renouvelés plusieurs fois, et quand même ils seraient contenus dans un acte public signé de trois témoins, « nullatenus hujusmodi valere aut tenere..... ita esse ac si neque factum quicquam, neque scriptum. » Justinien n'apporte qu'une exception à cette règle, c'est lorsqu'il est clairement démontré, « nisi manifeste probetur, » que l'argent a été employé dans l'intérêt de la femme.

L'Authentique *si qua mulier* frappe de nullité toutes les intercessions de la femme pour son mari : elle s'applique même aux actes qui n'ont de l'*intercessio* que la forme, mais qui ne réunissent pas au fond les cinq qualités essentielles à toute *intercessio*. Elle reçoit aussi son application dans les cas exceptionnels où la femme est valablement obligée par son *intercessio*. C'est dans ce cas-là surtout qu'il est utile de l'observer.

Il ressort des termes de la Novelle 134 qu'elle n'est applicable aux femmes mariées qu'autant que le mariage existe.

En résumé, l'Authentique *si qua mulier* est le dernier mot de la législation romaine au point de vue du sénatus-consulte Velléien, qu'elle limit par supplanter presque entièrement. En effet, nous avons vu que le principe originaire de ce sénatus-consulte est gravement atteint sous Justinien par les exceptions nouvelles qu'il y apporte, et par le pouvoir qu'il donne à la femme de confirmer après deux ans son cautionnement ou son hypothèque. La législation a fait des progrès, et la condition des femmes s'est améliorée. « Rendu sous Claude à une époque où l'on cherchait à reprendre par les lois une partie de ce que les mœurs avaient enlevé à l'antique dépendance des femmes, c'est sous la couleur d'une faveur et d'un privilége que le sénatus-consulte Velléien se montre à Justinien, ami des femmes et toujours dédaigneux de l'esprit des anciennes institutions (1). »

CHAPITRE VII.

DESTINÉES ULTÉRIEURES DU SÉNATUS-CONSULTE VELLÉIEN.

—

SECTION I.

ANCIEN DROIT FRANÇAIS.

Le sénatus-consulte Velléien, dont l'esprit et les motifs remontent aux premiers temps de Rome, que nous avons vu se préparer sous l'empire, qui

(1) M. Troplong, *Du Ca...tionnement.*

fut rendu sous Claude, et modifié par Justinien, se maintint chez nous pendant treize cents ans, jusqu'à la promulgation du Code civil, et se trouve encore en vigueur aujourd'hui dans certains pays de l'Europe.

La théorie Velléienne était admise non-seulement dans les pays de droit écrit, mais encore dans les pays de coutumes, « excepté, dit Merlin, dans quelques lieux particuliers, où il était permis à la femme de s'obliger pour autrui [1]. »

Le sénatus-consulte Velléien était en vigueur dans le ressort des parlements de Toulouse, Bordeaux, Grenoble, Pau, Douai, Aix, et dans les conseils souverains de Colmar et de Perpignan. Mais le principe ainsi généralement admis était bien loin d'être appliqué partout de la même manière. Il y avait une grande variété dans les détails ; chaque parlement avait, pour ainsi-dire, sur ce sénatus-consulte sa jurisprudence particulière. Ainsi, les parlements de Paris, de Toulouse et de Bordeaux exigeaient des lettres de rescision pour que la femme pût se faire relever de son obligation ; le parlement de Rouen et celui de Grenoble n'en exigeaient pas ; le parlement de Toulouse admettait la validité de la renonciation : le délai pendant lequel la nullité pouvait être invoquée variait.

---

1) Voir Merlin, *Répert.*, v° S.-C. Velléien, § 1, n° VII.

La Normandie, quoique pays coutumier, était celui où le sénatus-consulte était entendu avec le plus de rigueur. Merlin (1) cite le passage de Froland, *Mémoires concernant la qualité des statuts*, t. II. p. 974 : « Pour ce qui est de la Normandie, il n'y a point de province où le Velléien ait été suivi avec plus d'exactitude et de religion que celle-ci, il y a de tout temps été gardé, et peut-être même avec plus d'étendue que chez les Romains; on n'y a point permis aux femmes de renoncer à son exception; on y a regardé leurs intercessions comme des actes nuls de plein droit, et pour raison desquels il n'était point besoin d'avoir recours aux lettres; on y a rejeté les ratifications qu'elles avaient faites. »

En général, la renonciation au Velléien était admise dans la pratique; on exigeait seulement que la femme en renonçant connût bien toute la force des bénéfices dont elle se privait (2); on admettait même avec autant de facilité la renonciation à l'Authentique.

L'usage de ces renonciations était si général et si fréquent que la clause en était devenue de style, et qu'elle était insérée le plus souvent par des notaires qui en ignoraient la portée. De là des nullités d'actes auxquels on cherchait à se sous-

(1) Voir Merlin, *Répert.*, v° S.-C. Velléien, § I, n° VIII.
(2) Arrêt de règlement du Parlement de Paris, du 29 juillet 1593.

traire, des procès sans fin, des désordres nombreux et des recours sans résultats. Enfin, au
mois d'août 1606, Henri IV rendit un édit par lequel il abrogeait toutes les dispositions tant du
sénatus-consulte Velléien que des lois postérieures
qui s'y rapportent, en défendant désormais aux
officiers publics d'insérer dans leurs actes aucune
clause de renonciation au sénatus-consulte Velléien, « les femmes demeurant néanmoins bien
et dûment obligées. »

Cet édit fut d'abord enregistré au Parlement de
Paris, et exécuté dans tout son ressort, sauf dans
l'Auvergne et dans la Marche. Il fut enregistré
au Parlement de Bourgogne, le 7 août 1609. Un
édit de décembre 1682, enregistré le 23 du même
mois au Parlement de Bretagne, en ordonna l'application dans le ressort de ce Parlement, et un
autre édit de novembre 1704, enregistré au Parlement de Franche-Comté le 3 janvier suivant, le
rendit exécutoire dans le ressort.

Plusieurs Parlements se refusèrent à l'exécuter;
en Normandie notamment, le Parlement de
Rouen ne consentit jamais à l'enregistrer.

De ces divergences de doctrine naissaient des
questions de Statut que nos anciens auteurs ap-
pelaient questions mixtes sur le sénatus-consulte
Velléien. Il s'agissait de savoir si le sénatus-consulte Velléien était un statut réel ou un statut
personnel; le plus souvent la question discutée

était celle de savoir : la femme normande qui s'engageait à Paris comme caution était valablement obligé », *et vice versa;* ou bien si elle pouvait valablement hypothéquer des biens dans l'Ile-de-France, et la Parisienne hypothéquer des biens situés en Normandie (1).

SECTION II.

DROIT FRANÇAIS ACTUEL.

Le Code civil a complétement abrogé le sénatus-consulte Velléien et toutes les lois qui s'y réfèrent; notre législation n'en a conservé aucune trace. La femme non mariée est aussi capable de s'obliger que l'homme; quant à la femme mariée, elle est, il est vrai, comme nous le verrons dans la seconde partie de cette thèse, frappée d'une certaine incapacité; mais la circonstance que l'obligation est contractée pour autrui est, en droit, complétement indifférente.

Cependant la connaissance du sénatus-consulte Velléien, malgré son abrogation, présente encore quelque utilité pratique sous l'empire du Code civil. Son application peut soulever devant

(1) Voir sur ces questions : Pothier, *Des obligations*, n° 383. — Merlin, *Répert*, v° S.-C. Velléien, § 1, et *Quest. de droit*, v° Velléien, § 3.

les tribunaux français des questions de droit
international privé. La disposition de ce sénatus-
consulte étant encore restée en vigueur dans plusieurs pays de l'Europe, notamment en Espagne
et en Allemagne, elle régit les femmes étrangères
qui contractent une obligation pour autrui; car
le sénatus-consulte Velléien est une loi de capacité de nature à régir les étrangers, même rési-
dant en France.

DROIT FRANÇAIS

DE L'INCAPACITÉ DE LA FEMME MARIÉE.

Sources. — Code civil, art. 213 à 226, 776, 905, 934, 940, 1029, 1096, al. 2, 1121, 1125, 1304, 1312, 1449, 1534, 1538, 1549, al. 3, 1576, 1990, 2208. — Code de procédure civile, art. 861 à 864. — Code de commerce, art. 4, 5, 7.

INTRODUCTION.

Le droit romain ne contenait aucune disposition relative à la puissance maritale avec laquelle la *manus* n'a, pour ainsi dire, rien de commun. C'est dans le droit germanique que les rédacteurs du Code civil ont puisé les dispositions relatives à l'autorisation maritale, comme aussi, en général, tout ce qui a trait à l'organisation de la famille. L'autorisation maritale, qui n'avait rien de romain dans son origine, n'était pas exigée dans les pays de droit écrit, ce qui comprend, en général, outre les ressorts des parlements de Grenoble, d'A..., de Toulouse et de Bordeaux, plusieurs pays, comme le Lyonnais, le Mâconnais, le Beaujolais, le Forez, l'Auvergne et la Marche, qui, bien que fort éloignés de la capitale, se trouvaient dans le ressort du parlement de Paris.

Dans les pays coutumiers, au contraire, auxquels il faut ajouter les pays de droit écrit ressortissant au parlement de Paris, que nous venons de citer, la nécessité de l'autorisation maritale était universellement reconnue ; seulement, il existait en ce point, comme en tant d'autres, une grande variété dans les détails. Nous nous contenterons de passer rapidement en revue les deux questions principales qui s'élevaient sur notre matière.

La première question était celle de savoir sur quels motifs se fondait l'autorisation maritale ; sur cette question, une des plus controversées de l'ancien droit, on ne comptait pas moins de quatre systèmes.

Certains auteurs se fondaient sur la faiblesse des femmes et sur leur peu d'expérience dans les affaires. Merlin cite comme partisans de cette doctrine Rebuffe, Pontanus, Laféron, Guillaume, Bouvot, Peckins, Chasseneux, Tiraqueau, Bugnyon et Rodemburg (1).

---

(1) Voir Merlin, *Répert.*, r° Autorisation maritale, sect. II.

Une seconde opinion , qui , d'après Merlin, comptait parmi ses défenseurs Coquille, d'Argentré, Depringles, Leprêtre, Legrand , Ricard, d'Aguesseau, faisait reposer la nécessité de l'autorisation sur l'intérêt du mari, et n'y voyait qu'une conséquence nécessaire de la puissance maritale. C'était aussi l'opinion de Pothier.

Une troisième opinion, réunissant les deux premières, soutenait que la nécessité de l'autorisation avait été introduite tant pour l'utilité du mari que pour celle de la femme. Cette opinion s'appuyait sur la rédaction de certaines coutumes, et notamment de la coutume de Paris, art. 223; de la coutume d'Auxerre, art. 207; de celles de Sens, art. 111, et de Poitou, art. 225. Ce sentiment était celui de Lebrun (1).

Enfin, certains auteurs, faisant une part trop large au souvenir du sénatus-consulte Velléien, « fondaient, dit Merlin, le motif de l'autorisation maritale sur une espèce de bienséance qui est de droit public. » Telle était l'opinion du président Bouhier, dans ses observations sur la coutume de Bourgogne, chap. 19.

Cette diversité de vues et de systèmes sur une question qui domine toute la matière entraînait forcément une grande diversité de conséquences.

Un autre point, non moins controversé, était

(1) Voir Lebrun, *De la communauté*, liv. II, ch. I, sect. 1, n° 1.

celui de savoir quelles conditions devait remplir l'autorisation maritale; si elle pouvait résulter d'un simple consentement, même tacite, ou si, au contraire, elle devait être expresse et solennelle.

Suivant l'opinion commune, l'autorisation, qui pouvait être tacite quant aux actes judiciaires, devait être expresse et formelle à l'égard des actes extrajudiciaires. Telle était la doctrine des coutumes de Paris, art. 223, et d'Orléans, article 194, qui exigeaient, pour habiliter la femme. l'*autorité* et le *consentement* du mari. Le mot *autoriser*, d'après les jurisconsultes, était sacramentel et ne pouvait être suppléé par un autre; Pothier (1) ne trouvait que le mot *habiliter* qui pût équivaloir à celui d'*autoriser*.

Nous avons dit qu'au contraire le simple consentement du mari suffisait pour ce qui concernait les actes judiciaires. Ferrière (2) est d'accord pour le reconnaître avec Pothier, qui cite, encore dans le même sens, Lebrun, *De la communauté*, liv. II, ch. 2, sect. 6, n. 2. « La raison, nous dit Ferrière, provient de l'autorité des jugements, et de ce qu'on présume que tout s'y passe sans fraude et sans surprise, le juge ne devant avoir pour guide que la raison et la loi ; mais, dans les choses

(1) Pothier, *Traité de la puissance maritale*, n° 68.
(2) Ferrière, *Dictionnaire de droit et pratique*, v° Autorisation du mari en pays coutumiers.

qui se passent hors jugement, il pourrait y avoir beaucoup de surprise. C'est pourquoi il faut y apporter plus de précaution. Ainsi la faveur de la femme et de ses biens, pour la conservation desquels le public doit s'intéresser, requiert une autorisation expresse. »

Les coutumes de Sens, art. 111, de Bar-le-Duc, art. 170, et de la Marche, art. 298, n'exigeaient pas autre chose que le *consentement* du mari ; dans les coutumes d'Auxerre, art. 221, et de Troyes, art. 139, on ne trouvait que le mot *autorité* ; celui de *permission* dans la coutume de Normandie, art. 412 ; on trouve les termes réunis de *licence* et *autorité* dans les coutumes du duché de Bourgogne, ch. 4, art. 1, du comté de Bourgogne (Franche-Comté), art. 24, de Saintonge, art. 73 et 74, et de Châlons-sur-Marne ; ceux d'*autorité* et de *permission* dans la coutume de la Rochelle, art. 23 ; de *su, autorité* et *consentement* dans celle de Cambrai, titre des *Droits appartenant à gens mariés,* art. 2 et 3 ; et enfin de *gré, autorité* et *consentement,* dans la coutume d'Artois, art. 86.

CHAPITRE PREMIER.

FONDEMENT DE L'INCAPACITÉ DE LA FEMME MARIÉE.

« Ce premier point est capital, et tout le reste en dépend, du moins la solution des difficultés les plus graves y est subordonnée, » dit M. Demolombe, en commençant le chapitre qu'il consacre au fondement de l'autorisation maritale; malheureusement, c'est une question sur laquelle les jurisconsultes sont encore loin d'être d'accord. Nous avons vu qu'avant la rédaction de notre Code, de graves divergences d'opinions existaient, sur ce point, entre les anciens auteurs; les controverses n'ont pas cessé et les systèmes soutenus autrefois sont encore en présence aujourd'hui.

Sans entrer dans l'examen approfondi des différentes doctrines, nous dirons simplement que, d'après nous, la nécessité de l'autorisation est fondée à la fois sur la puissance maritale, sur les intérêts collectifs de l'union conjugale et sur la faiblesse et l'inexpérience de la femme.

Chacun de ces motifs pris séparément ne suffirait pas, pour donner le véritable fondement de l'incapacité de la femme. On ne peut dire, en effet, que le seul motif de cette incapacité soit l'intérêt de la puissance maritale; car, d'abord, si elle avait été organisée dans l'intérêt du mari comme moyen de rendre son autorité plus réelle et plus efficace, le droit de faire annuler les actes que la femme a passés sans aucune autorisation n'appartiendrait qu'à lui seul. Or, ce droit appartient aussi à la femme et à ses héritiers, d'après l'art. 225. De plus, si l'incapacité de la femme n'avait d'autre fondement que l'obéissance qu'elle

doit à son mari, celui-ci, quoique mineur, devrait
pouvoir l'autoriser lui-même ; or, le Code a suivi
un autre système, et, d'après l'art. 224, lorsque le
mari est mineur, c'est à la justice que la loi confère
le soin d'apprécier l'acte que veut faire la femme,
et le droit de lui donner l'autorisation nécessaire.
Enfin, quand le mari est condamné à une peine
afflictive ou infamante, la loi le déclare indigne
d'exercer la puissance maritale, et l'art. 221 lui
retire son droit d'autorisation. Si ce droit n'était
qu'une conséquence de la puissance maritale, la
femme devrait, par la cessation même de cette
puissance, recouvrer sa capacité; nous verrons,
au contraire, que, même dans ce cas, la femme
ne peut agir seule et qu'il lui faut l'autorisation
de justice. Ces diverses considérations nous ont
ait rejeter ce système, d'après lequel la puissance
maritale est le seul motif sur lequel repose la nécessité de l'autorisation et qui compte parmi ses
défenseurs des jurisconsultes autorisés (1).

Quant à soutenir que l'autorisation maritale est
exigée exclusivement dans l'intérêt de l'union
conjugale ou dans l'intérêt de la femme, cela
était trop manifestement contraire à l'esprit du
Code pour qu'on ait osé le faire. Mais deux autres

(1) Delvincourt, t. I, p. 75; Toullier, t. II, n° 615; Merlin
Quest. de droit, t. IX, v° Puissance maritale, § 4; Dalloz, *Jurisprudence générale, Recueil alphabétique*, v° Mariage, t. X, p. 119,
n° 2.

systèmes, tout en admettant en principe que l'autorisation est exigée dans l'intérêt de la puissance maritale, la font reposer de plus, le premier, sur la sollicitude du législateur pour les intérêts matrimoniaux (1), et le second sur l'incapacité personnelle de la femme et son intérêt individuel (2).

Chacun de ces deux systèmes explique très-bien pourquoi le mari mineur ne peut pas autoriser sa femme, pourquoi la nécessité de l'autorisation survit à la puissance maritale, et pourquoi la femme peut elle-même se prévaloir de son incapacité. Aussi adoptons-nous à la fois les conclusions de chacun d'eux, et disons-nous que le fondement de l'autorisation maritale repose en même temps, 1° sur la puissance maritale ; 2° sur les intérêts collectifs du mariage ; 3° sur la faiblesse et l'inexpérience de la femme.

CHAPITRE II.

ÉTENDUE DE L'INCAPACITÉ DE LA FEMME MARIÉE.

L'incapacité de la femme mariée est indépendante des régimes matrimoniaux sous lesquels les époux peuvent se trouver placés, soit en vertu de

(1) MM. Aubry et Rau, sur Zachariæ, t, V, § 472, texte et note 5; Demolombe, t. IV, n°ˢ 115 et 116.

(2) Proudhon, *Traité sur l'état des personnes*, t. I, p. 454; MM. Valette, *Explication sommaire du livre I du Code civil*, p. 119 (n° 29-1°); Mourlon, *Répétitions écrites*, t. I, n°ˢ 761 et 762.

leur contrat de mariage, soit pour n'avoir pas fait de contrat; dans tous les cas, l'autorisation est exigée pour les actes les plus importants. C'est cette incapacité de droit commun que nous étudierons d'abord. Mais si cette règle subsiste toujours, les conventions matrimoniales peuvent en modifier l'étendue; nous rechercherons donc, dans un chapitre spécial, l'influence des différents régimes matrimoniaux sur l'incapacité de la femme.

L'incapacité de la femme mariée ne résulte pour elle que du mariage; elle ne peut donc commencer avant sa célébration. Cette remarque pourrait sembler naïve si on ne se rappelait que, dans l'ancien droit, certaines coutumes ne s'étaient pas trouvées de cet avis ; celle d'Artois, notamment (art. 87), assujettissait la femme à l'autorisation dès le jour des fiançailles. Cette disposition, que Dumoulin déclarait *inepte*, faisait cependant la loi dans le territoire régi par cette coutume. Toutefois, il était à peu près universellement admis que la nécessité de l'autorisation ne commence qu'à partir de la célébration du mariage ; en effet, comme le disait fort bien Pothier (1), l'effet ne doit pas précéder la cause.

La nécessité de l'autorisation, qui commence avec le mariage, ne cesse qu'au moment où il se

____

(1) Pothier, *De la puissance du mari*, n° 8.

dissout, mais elle est indispensable pendant toute sa durée. La séparation de corps, pas plus que la séparation de biens, n'y met fin, car le mariage durant toujours, la puissance maritale doit conserver ses attributs, en tant qu'ils sont conciliables avec la séparation de corps elle-même (1).

L'autorisation est exigée : soit pour les actes judiciaires, soit pour les actes extrajudiciaires.

SECTION PREMIÈRE.

ACTES QUE LA FEMME NE PEUT JAMAIS FAIRE SANS AUTORISATION.

§ 1er. — *Des actes judiciaires.*

L'art. 215 est ainsi conçu : « La femme ne peut ester en jugement sans l'autorisation de son mari, quand même elle serait marchande publique ou non commune, et séparée de biens. »

Ainsi, d'après cet article, la femme mariée, sous quelque régime que ce soit, ne peut ester en jugement (*stare in judicio*), c'est-à-dire plaider, figurer dans un procès, soit comme demande-resse, soit comme défenderesse.

Cette règle est générale ; elle s'applique à toute

____

(1) Cass., 13 nov. 1855; Sirey, 1855, 1, 45. MM. Aubry et Rau sur Zach., t. V, § 472; Demolombe, t. IV, n° 119.

espèce d'instances judiciaires, quels que soient
l'objet et la nature de la contestation, et alors
même que le différend se rapporte à des actes
que la femme a pu faire sans autorisation ; peu
importe que la femme joue le rôle de demanderesse ou de défenderesse.

L'autorisation, disons-nous, s'applique à toute
espèce d'instances ; nous déciderons par application de ce principe que la femme ne peut, si
elle n'y est valablement autorisée, poursuivre
l'interdiction de son mari ni demander qu'il lui
soit nommé un conseil judiciaire. On pourrait
en douter, car la loi l'autorise, dans l'art. 490,
à provoquer elle-même cette interdiction, et il
semble que, par cela même qu'elle lui accorde
une action, elle l'autorise à l'exercer. Quoi qu'il
en soit, en présence des termes absolus de
l'art. 215, il faut maintenir la nécessité de l'autorisation, nécessité qui peut être fort utile
d'ailleurs en prévenant une poursuite téméraire
ou intempestive (1).

De même, l'autorisation lui serait nécessaire
pour répondre à une demande en interdiction, ou
en nomination d'un conseil judiciaire dirigée
contre elle. Il s'agit, en effet, d'ester en jugement
en qualité de défenderesse. Nous supposons.
bien entendu, que la demande en interdiction

____

(1) Rouen, 16 floréal an XIII; Toulouse, 16 fév. 1823; Merlin,
Rép., v° Autoris. marit., sect. VII, § 16; Demol., t. IV, n° 126.

a été formée par les parents de la femme, car, si la demande était formée par le mari lui-même, elle vaudrait pour la femme autorisation d'y défendre (1).

La femme ne peut même pas être dispensée d'obtenir l'autorisation maritale, pour demander la nullité de son propre mariage. Mais, dira-t-on, comment exiger que la femme procède comme femme mariée, quand elle vient contester la validité même de ce mariage? Nous répondrons à cela, avec M. Demolombe, qu'il ne faut pas mettre l'effet avant la cause. Sans doute, la femme veut prouver que son mariage est nul; mais par là elle reconnaît que, quant à présent du moins, il existe en fait; or, s'il existe, la femme doit être soumise à l'application des articles 215 et 218, car, tant qu'elle ne l'a pas fait annuler, elle doit être considérée comme femme mariée (2).

Il n'en serait pas de même si la femme opposait la nullité de son mariage, reconventionnellement et comme moyen de défense à une demande intentée contre elle par son mari; par exemple, afin de réintégration de domicile conjugal; car, le mari qui intente une action contre

(1) Cass., 9 janv. 1822; Merlin, *Rép.*, v° Aut. marit., sect. VII, n° 4 bis; Aubry et Rau, t. V, § 472, 2°; Demol., t. IV, n° 123.
(2) Cass., 21 janv. 1845, 10 févr. 1851, 19 mai 1858; Merlin, *Rép.*, v° Mariage, Aubry et Rau, t. V, § 472, 2°; Demolombe, t. IV, n° 127.

sa femme l'autorise par cela seul à se défendre même par des demandes reconventionnelles. Cette exception se trouve indiquée dans un arrêt de la Cour de cassation du 30 août 1824.

Enfin, la femme ne pourrait, sans autorisation, former une demande en séparation de corps (art. 878, Proc.), ou en séparation de biens (art. 875, *id.*). Il est évident que dans ce cas l'autorisation ne sera pas donnée par le mari; elle sera donnée, non par le tribunal entier, comme cela doit avoir lieu dans tous les cas où l'autorisation émane de la justice, mais par le président du tribunal, qui ne pourra la refuser.

L'autorisation est toujours nécessaire à la femme, devant quelque tribunal que l'action soit portée, même devant le juge de paix, ne s'agit-il que d'actions possessoires, et même lorsqu'elle paraît en conciliation. Cette autorisation doit lui être donnée pour chaque degré de juridiction, en appel comme en première instance, pour se pourvoir en cassation comme pour former une requête civile. Quant à la question très-discutée de savoir si l'autorisation donnée pour le premier degré l'est aussi pour le second, nous l'examinerons plus loin.

La femme qui se trouve engagée dans un procès commencé antérieurement à son mariage, ne pourra plus procéder ultérieurement sans y être autorisée, à moins que la cause ne soit en état au moment du mariage (art. 342 et suiv., C. de proc.), auquel cas, l'autorisation ne serait pas nécessaire, car le rôle des parties étant achevé et la défense complète, le changement qui s'est opéré dans la capacité de la femme est un fait indifférent et ne peut retarder le jugement. Toutefois, les procédures peuvent être utilement continuées avec la femme non autorisée, tant que le mariage n'a pas été notifié à la partie adverse (345, C. de proc.).

Sous quelque régime qu'elle soit mariée, et lors même qu'elle serait marchande publique, la femme ne peut ester en jugement : « quand même elle serait marchande publique, ou non commune, ou séparée de biens, » dit l'art. 215. Le mot *même*, appliqué à la femme non commune, est un véritable non-sens ; car, la femme commune ne pouvant ester en jugement, on ne peut prétendre que la femme non commune, c'est-à-dire mariée sous le régime exclusif de communauté, en ait la capacité. La remarque concernant la femme marchande publique et la femme séparée de biens n'est pas inutile, car, sur ce point, les rédacteurs du Code se sont écartés de la doctrine admise dans l'ancien droit. En effet, quelques coutumes, notamment celles de Dourdan, tit. VI, art. 80, et de Mantes, art. 125, donnaient aux femmes marchandes publiques le pouvoir d'intenter sans autorisation les demandes relatives à leur commerce et d'y défendre. Pothier (1) ne les approuvait pas, parce que, disait-il, la femme marchande publique exerce son commerce pour la communauté. Au contraire, il trouvait fort rationnel le pouvoir que l'ancien droit reconnaissait à la femme séparée d'ester en justice sans autorisation, pour ce qui concernait l'administration de ses biens. « C'est, disait-il, une suite de ce pouvoir (d'administrer) que la femme puisse donner les demandes qui concernent cette jouissance, et y défendre, sans le consentement de son mari, qui n'y a aucun intérêt. »

Le principe que la femme ne peut ester en justice soit comme demanderesse, soit comme défenderesse, souffre deux exceptions :

La femme qui, en général, ne peut agir comme demanderesse sans l'autorisation maritale, peut sans aucune autorisation présenter la requête préalable à une demande en séparation de corps ou de biens qu'elle se propose de former (865, 875, 878 C. de pr.). Nous avons dit que, pour la demande elle-même, l'autorisation devait être donnée non par le mari, mais par le président du tri-

<hr>

(1) Pothier, *Puissance du mari*, n° 62.

bunal. Cela explique pourquoi la loi n'a pas exigé l'autorisation du mari pour la requête.

La seconde exception est contenue dans l'article 26, dont voici le texte : « L'autorisation du mari n'est pas nécessaire, lorsque la femme est poursuivie en matière criminelle ou de police. » Remarquons d'abord que cet article s'applique aussi sans aucun doute aux matières correctionnelles, bien que ses termes ne s'y réfèrent pas complétement.

On a donné pour motif de cette exception que la défense est de droit naturel; ce motif n'est pas exact, car la défense est aussi bien de droit naturel en matière civile qu'en matière criminelle. Ce n'est pas non plus parce que le mari ne peut par son refus d'autorisation empêcher l'action de a société qui poursuit la réparation d'une infraction aux lois; car, en matière civile, il ne peut pas davantage empêcher par son refus l'exercice des actions civiles auxquelles sa femme est soumise. Le véritable motif, c'est qu'au criminel la femme a toujours intérêt à se défendre, ne fût-ce que pour faire diminuer la peine qu'elle doit encourir. Or, si l'autorisation de se défendre ne peut en aucun cas être refusée justement, n'était-il pas préférable de dispenser la femme de la demande, ainsi qu'on l'a fait ?

L'art. 216 présente une certaine difficulté d'interprétation; et on peut se demander s'il est toujours applicable, par quelque personne que l'action soit formée. La femme, en effet, peut être poursuivie, soit par le ministère public, soit par la partie civile:

Dans le premier cas, l'autorisation n'est pas requise, cela n'est douteux pour personne. Quant au second, plusieurs hypothèses peuvent se présenter.

Écartons d'abord une hypothèse certaine : lorsque la partie civile forme sa demande à seule fin de dommages et intérêts devant le tribunal civil, la femme doit certainement être autorisée pour se défendre; l'art. 216 doit être écarté, il faut revenir à la règle de l'art. 215.

L'autorisation ne sera certainement pas nécessaire si la partie civile agit conjointement et accessoirement à la poursuite du ministère public, devant le tribunal criminel. La loi déclarant la femme capable de se défendre quant au fait principal, la rend par là même capable de défendre sans autorisation à l'action accessoire, *accessorium sequitur principale*. Ceci est d'ailleurs une conséquence logique de l'art. 359 du Code d'instruction criminelle, qui permet, par *a contrario*, à la partie lésée de former sa demande même dans le cours du débat, tant que le jugement n'est pas prononcé. Or, cette faculté serait la plupart du temps illusoire, s'il fallait pour l'exercer assigner préalablement le mari aux fins d'autorisation.

Mais l'autorisation sera-t-elle nécessaire si la partie civile agit seule et directement contre la femme devant un tribunal correctionnel ou de police? On a soutenu que, dans cette hypothèse, la femme ne peut défendre sans autorisation, par la raison que, la partie civile agissant seule, l'action se réduit à un intérêt purement civil et pécuniaire (1). Il est préférable, à notre avis, de décider que, même dans ce cas, l'autorisation ne sera pas nécessaire à la femme. En effet, l'art. 216 est formel, et dispense la femme de se faire autoriser, quand elle est défenderesse en matière criminelle, correctionnelle ou de police. Or, bien que poursuivie directement par la partie civile, la femme n'en est pas moins poursuivie en matière correctionnelle ou de police. De plus, bien que le ministère public n'agisse pas dès l'abord, il peut se faire que la femme soit frappée au dernier moment d'une condamnation pénale, s'il la requiert dans le cours de l'instance, comme il en a le droit. On ne voit pas dès lors pourquoi on n'appliquerait pas ici l'art. 216 (2).

§ II. — *Des actes extrajudiciaires.*

Le principe de l'incapacité de la femme mariée

(1) Aubry et Rau, sur Zach., t. V, § 472, note 14; Marcadé, t. II, p. 267.

(2) M. Valette, Explic. somm., p. 123; Demante, t. I, n° 239 bis; Demolombe, t. IV, n° 145.

en matière extrajudiciaire est contenu dans l'article 217, qui est ainsi conçu : « La femme même non commune ou séparée de biens ne peut donner, aliéner, hypothéquer, acquérir à titre gratuit ou onéreux, sans le concours du mari dans l'acte ou son consentement par écrit. »

Nous allons reprendre successivement chacune des incapacités indiquées par l'art. 217 et en rechercher l'étendue.

I. — *De l'incapacité d'aliéner.* — La femme mariée ne peut sans autorisation faire aucune aliénation, à titre gratuit ou à titre onéreux, soit de meubles, soit d'immeubles.

Quant aux aliénations à titre gratuit, la défense est absolue. La femme non autorisée ne peut faire valablement aucune donation entre-vifs de meubles ou d'immeubles, quel que soit le régime matrimonial sous lequel elle est placée. Certains auteurs ont voulu, il est vrai, apporter une exception à cette règle et soutenir que la femme séparée de biens pouvait valablement faire sans autorisation une donation de meubles (1). Nous verrons, dans le chapitre consacré à la condition de la femme séparée de biens, que ce système doit être rejeté, car on ne peut consi-

______

(1) Delvincourt, t. II, p. 68, note 16.

dérer le droit de faire une donation même mobilière comme une conséquence des pouvoirs d'administration accordés par l'art. 1449 à la femme séparée de biens.

L'incapacité de donner entre-vifs entraîne pour la femme l'incapacité de faire une institution contractuelle. Car, on admet généralement que pour faire une institution de ce genre il faut avoir la même capacité que celle qui est exigée pour la donation entre-vifs (1).

La défense faite à la femme mariée d'aliéner ses immeubles à titre onéreux est aussi absolue que celle d'aliéner à titre gratuit ; comme cette dernière, elle est indépendante du régime matrimonial qu'elle a adopté ; et lors même qu'il s'agirait d'immeubles acquis par une femme séparée de biens avec les économies qu'elle aurait faites sur ses revenus, ou par une marchande publique avec les bénéfices qu'elle aurait réalisés dans son commerce (2).

Le mot aliéner doit être entendu ici dans un sens général ; il comprend la prohibition de vendre, échanger, donner en paiement, constituer une servitude, et consentir un usufruit.

Enfin, la femme ne peut aliéner ses meubles à titre onéreux. Telle est du moins la règle générale

(1) Aubry et Rau, t. VI, § 739, note 16 ; Troplong, *Donations*, t. IV, n°⁵ 2368 et 2371.
(2) Proudhon, t. II, p. 433 ; Demolombe, t. IV, n° 152.

à laquelle le Code a apporté des exceptions. En effet, toutes les fois que l'administration de tout ou partie de ses biens appartiendra à la femme par suite du régime matrimonial sous lequel elle s'est mariée, ou par suite des clauses insérées dans le contrat, la femme pourra aliéner à titre onéreux ses biens mobiliers, car le pouvoir d'administrer doit entraîner nécessairement un certain droit d'aliénation. Ce droit, dont nous n'examinerons pas pour le moment l'étendue, est acquis à la femme, soit par l'effet d'une séparation de biens judiciaire (art. 1449), soit par l'adoption du régime de séparation de biens contractuelle (art. 1536), soit par l'admission du régime dotal avec paraphernaux (art. 1576), soit enfin dans tout autre régime, par l'insertion au contrat d'une clause portant que la femme se réserve l'administration et la jouissance d'une partie de ses biens. En dehors de ces cas exceptionnels la femme mariée ne peut aliéner son mobilier à titre onéreux que si elle y est autorisée par son mari ou par justice.

II. — *De l'incapacité d'hypothéquer.* L'art. 217 défend formellement à la femme mariée sous quelque régime que ce soit d'hypothéquer ses immeubles sans autorisation. Quand bien même notre article ne se serait pas expliqué d'une façon aussi formelle, on n'aurait pu avoir, sur cette question, aucune espèce d'hésitation, car il résulte de l'art. 2124 que l'incapacité d'hypothéquer est une conséquence de l'incapacité d'aliéner : « Les hypothèques conventionnelles, dit cet article, ne peuvent être consenties que par ceux qui ont la capacité d'aliéner les immeubles qu'ils y soumettent. »

Nous verrons plus loin que, malgré l'avis de certains auteurs (1), cette défense d'hypothéquer est absolue et que l'hypothèque ne pourrait pas être constituée, même par une femme jouissant de l'administration de ses biens, relativement à des obligations contractées pour cause de cette administration (2).

III. — *De l'incapacité d'acquérir.* La femme mariée est incapable de faire sans autorisation aucune acquisition de meubles ou d'immeubles à titre gratuit ou à titre onéreux.

La défense faite à la femme mariée, par l'article 217, d'acquérir à titre gratuit sans autorisation, repose sur deux motifs également justes. On a pensé d'abord avec raison qu'une acquisition de ce genre, sans perdre son caractère tout à fait gratuit, pouvait entraîner pour la femme des charges plus ou moins graves ; de plus, il est à

(1) Toullier, t. II, n° 1256 ; Duranton, t. III, n° 672.
(2) Demolombe, t. IV, n° 162.

la fois moral et de l'intérêt du mari que la femme ne puisse rien recevoir à son insu.

De ce principe il résulte que la femme ne peut sans autorisation accepter une succession (article 776), ni une donation entre-vifs (art. 934). Il résulte également de notre art. 217 qu'elle ne peut accepter un legs ou une succession testamentaire.

En ce qui concerne les acquisitions à titre gratuit, la défense est absolue, les conventions matrimoniales ne peuvent y apporter aucune dérogation; elle s'applique aussi bien à la femme séparée de biens ou séparée de corps qu'à la femme mariée sous le régime de la communauté. L'ancien droit avait apporté une exception à ce principe, et, aux termes de l'art. 9 de l'ordonnance de 1731, la femme mariée sous le régime dotal pouvait recevoir, sans autorisation, un bien qui lui serait donné pour lui tenir lieu de paraphernal. Les rédacteurs du Code n'ont pas maintenu cette restriction à la règle posée par l'art. 217.

La femme mariée est également incapable d'acquérir à titre onéreux, sans autorisation. C'est une conséquence de la défense qui lui est faite d'aliéner sans autorisation, car l'acquisition à titre onéreux implique une aliénation réciproque; or, pour acquérir à ce titre, la femme est obligée de donner un équivalent, et nous savons qu'elle ne peut aliéner sans autorisation.

Elle ne peut donc ni acheter, ni échanger, ni recevoir un paiement sans autorisation.

L'incapacité d'acquérir à titre onéreux s'applique aussi bien en ce qui concerne les meubles que les immeubles, et elle est en principe indépendante du régime adopté par les époux. Cependant nous verrons plus tard que, malgré la généralité des termes de l'art. 217, il faut accorder à la femme séparée de biens, dans une certaine limite, le droit de faire des acquisitions de meubles, et même d'immeubles, si ces acquisitions rentrent dans la sphère d'une libre administration.

IV. — *De l'incapacité de s'obliger.* Parmi les divers actes juridiques défendus à la femme, l'art. 217 ne mentionne pas l'obligation ; de plus, lors de la discussion des articles du Code, on a rejeté la proposition du Tribunat qui demandait qu'on insérât le mot s'obliger dans l'énumération des actes dont la femme est incapable. De là la question de savoir si la femme mariée peut valablement s'obliger sans autorisation.

Cette question peut paraître inutile au premier abord, car celui qui s'oblige cède par là même à son créancier le droit de faire vendre ses biens présents ou futurs pour le cas où il manquerait d'exécuter son obligation ; la capacité de s'obliger suppose donc la capacité d'aliéner. Or, nous avons vu que la femme est incapable d'aliéner; nous devons donc conclure nécessairement qu'elle ne peut s'obliger.

Cependant, nous avons dit aussi qu'il y avait des cas dans lesquels la femme a, jusqu'à une certaine limite, le droit d'aliéner son mobilier sans autorisation; il est donc important de savoir si, dans cette limite, la femme peut s'obliger valablement sans être autorisée de son mari ou de justice. Si, d'un côté, il est certain que la femme, qui a l'administration de ses biens et le droit d'aliéner son mobilier, peut bien, jusqu'à concurrence de ce mobilier, s'obliger valablement par des contrats relatifs à l'administration, il faut décider qu'elle ne le pourrait pas, si le contrat par lequel elle s'oblige est étranger à cette administration. Cela résulte implicitement de l'art. 217, qui défend à la femme de faire, sans autorisation, aucune aliénation à titre gratuit et aucune acquisition à titre onéreux. De plus, l'art. 220 permettant à la femme de s'obliger sans autorisation dans un cas particulier, il faut bien conclure qu'elle ne peut le faire dans les autres cas. Enfin les art. 221, 222 et 223 exigent que la femme soit autorisée pour *contracter;* or, contracter, c'est *s'obliger* ou *aliéner* par convention. Disons donc que la femme qui ne peut ni aliéner, ni acquérir, ni hypothéquer sans autorisation, ne peut pas davantage s'obliger, bien que cela ne soit pas dit expressément par l'art. 217.

Si les rédacteurs du Code n'ont point, comme le proposait le Tribunat, mentionné expressément dans l'art. 217 l'incapacité de s'obliger, c'est parce qu'ils ont craint que l'expression *s'obliger* ne fît naître cette idée que l'incapacité de la femme s'étend même aux obligations nées de ses délits ou quasi-délits. Il est certain que la femme non pourvue de l'autorisation maritale est obligée par ses délits et ses quasi-délits ; car elle est, comme toute personne, soumise à la règle de l'article 1382, et par conséquent responsable du dommage qu'elle cause à autrui par son fait ou sa faute.

De même, la femme est obligée valablement sans autorisation lorsque l'engagement résulte de l'autorité seule de la loi ; car, lorsque la loi impose une obligation à la femme, elle l'habilite par cela même à l'accomplir. La femme sera donc obligée par la gestion d'une tutelle, dans les cas où cette gestion peut lui échoir (1).

Mais que faut-il décider quant aux quasi-contrats ? Obligeront-ils la femme non autorisée ? Pour résoudre cette question nous distinguerons, avec M. Demolombe (2), suivant que l'obligation

(1) Ste Aubry et Rau, t. V, § 472, note 21 ; Demolombe, t. IV, n° 176. — *Contra* Duranton, t. II, n° 500.
(2) Demolombe, t. IV, n°° 177-180.

résulte du fait d'un tiers ou d'un fait personnel de la femme.

Dans le premier cas, si, par exemple, un tiers a géré les affaires de la femme, celle-ci sera tenue non-seulement de l'action *de in rem verso*, mais encore de l'action *negotiorum gestorum contraria*, si la gestion a été originairement utile (1).

Dans le second cas, bien qu'on puisse nous opposer que l'art. 217 ne soumet la femme mariée à la nécessité de l'autorisation que quand elle veut aliéner, acquérir ou hypothéquer, et que par conséquent elle peut valablement s'obliger par ses délits, ses quasi-délits et ses quasi-contrats, sans distinction. nous dirons que son incapacité existe aussi quand le quasi-contrat résulte d'un fait qui lui est personnel. Déjà, dans l'ancien droit, la femme mariée ne pouvait s'obliger par un fait qui lui était personnel ; et le but de la loi nous montre bien qu'il doit en être encore ainsi. « Ce qu'on voulait et ce qu'on veut encore. dit M. Demolombe, c'est que la femme ne puisse pas, par sa volonté, par son intention, par son fait personnel enfin. aliéner ou s'obliger sans autorisation : c'est sa volonté qu'on fait dépen-

<hr>

(1) *Sic* Pothier, *De la puissance du mari*, n° 50, *et du quasi-contrat, neg. gest.*, n° 221; Toullier, t. XI, n° 39; Marcadé, art. 217, n° 2; Demolombe, t. IV, n° 177; Aubry et Rau, t. V, § 472, note 22. — *Contra*, Delvincourt, t. I, p. 163; Duranton, t. II, n° 497.

dante ! Tel est le but essentiel du principe de l'autorisation. » Il faut donc conclure que la femme non autorisée ne peut acquérir, aliéner ou s'obliger par un acte volontaire et intentionnel de sa part, lors même que cet acte ne constituerait pas un contrat.

Comme conséquence de cette règle, nous dirons que la femme qui a géré les affaires d'autrui, ou des affaires communes entre elle et un tiers, n'a pu s'obliger sans autorisation ni à l'égard des tiers avec lesquels elle aurait contracté, dans l'intérêt de la gestion par elle entreprise, ni même envers le maître, à moins que ses actes ne puissent être considérés comme des quasi-délits, dont elle devrait alors la réparation, ou bien encore à moins qu'elle ne se soit enrichie à raison de sa gestion, auquel cas elle serait tenue de l'action *de in rem verso* (1).

La question est plus difficile à résoudre pour le paiement de l'indu. D'abord, si c'est la femme qui a fait un paiement qu'elle avait la capacité de faire, ce paiement sera valable et ce sera à elle de prouver qu'il a été fait sans cause (1235,. Mais que faut-il décider si c'est la femme qui a reçu un paiement qui ne lui était pas dû ? Remarquons

---

(1) *Sic* Duranton, t. II, n° 497: Demolombe, t. IV, n° 181, Aubry et Rau, V, § 472, texte et note 23. — *Contra* Toullier, t. XI, 39 et suiv.; Valette sur Proudhon, t. I, p. 463; Mourlon, *Rép écr.*, t. I, p. 402.

que la question ne peut se poser que si la femme
avait la capacité de recevoir un paiement ; car si
elle en était incapable, il est hors de doute qu'elle
ne serait tenue que *de in rem verso*, dans la mesure dans laquelle ce paiement lui a profité. Mais
si la femme avait cette capacité, ce qui a lieu
lorsque l'administration de ses biens lui appartient, ou lorsqu'une clause particulière de son
contrat de mariage la lui a expressément réservée, on pourrait soutenir qu'une personne capable de faire un certain acte est par cela même
capable de consentir à toutes les suites de ce
même acte, et que par conséquent la femme qui
était capable de recevoir ce qui lui était dû, était
capable de s'obliger à rendre si la dette n'existait
pas. Bien que ce raisonnement puisse paraître
convainquant, nous ne l'adopterons pas, car nous
ne pouvons considérer l'obligation pour la femme
de rendre ce qui lui a été payé indûment comme
une suite directe de sa capacité de recevoir un
paiement. Suivant nous, la femme ne pourra
être tenue pour avoir reçu l'indu que dans la
mesure de son enrichissement (1).

(1) *Sic* Demolombe, t. IV, n° 182.

SECTION II.

ACTES QUE LA FEMME MARIÉE PEUT TOUJOURS FAIRE SANS AUTORISATION.

Le principe de l'incapacité de la femme mariée, si considérable que soit sa portée, ne constitue en définitive qu'une exception. En effet, l'art. 1123 dit que « toute personne peut contracter, si elle n'en est pas déclarée incapable par la loi. » Et l'art. 1124 ajoute : « Les incapables de contracter sont.... les femmes mariées dans les cas exprimés par la loi. » Il ressort bien de ces deux articles que la capacité de la femme est la règle, l'incapacité l'exception, et que par conséquent la femme peut faire tout acte quelconque, pourvu que cet acte ne renferme ni acquisition, ni aliénation, ni constitution d'hypothèque, ni obligation, et que, par cet acte, elle ne figure point dans un procès.

De plus, il est certains actes qui, bien que rentrant dans la prohibition des art. 215 et 216, peuvent cependant être faits valablement par la femme non autorisée, parce que la loi les a dispensés de la nécessité de l'autorisation.

I. — *Actes que la femme mariée peut faire sans autorisation parce qu'ils ne lui sont pas interdits par les art. 215 et suivants.* — Nous ne prétendons pas énumérer ici tous les actes de ce genre, nous voulons seulement parcourir les principaux.

La femme mariée peut sans autorisation exercer sur la personne de ses enfants légitimes ou naturels tous les droits de la puissance paternelle que la loi lui a confiée. Elle peut donc les émanciper, donner ou refuser son consentement à leur mariage. En effet, il est naturel de croire que la loi qui donne un droit à la femme, l'habilite par là à l'exercer.

Elle peut faire tous les actes purement conservatoires, pourvu qu'ils soient de telle nature qu'ils n'exigent pas l'introduction d'une demande en justice ou qu'ils ne lui imposent pas quelque obligation. Ainsi elle peut faire des sommations, des protêts, des saisies-arrêts ou oppositions ; elle peut, fût-elle mineure, présenter au président du tribunal les requêtes par lesquelles elle demande l'autorisation de plaider en séparation de corps ou de biens, ou toute autre autorisation judiciaire ; prendre une inscription hypothécaire soit sur son mari, soit sur un tiers ; requérir une transcription.

La femme qui a ordonné ces actes est valablement obligée d'en payer le coût à l'huissier ou autre officier ministériel qu'elle a employé. En effet, la capacité qu'elle a de faire l'acte lui-même emporte implicitement la capacité accessoire de faire ce qui est nécessaire pour l'accomplir : Qui veut la fin veut les moyens (1).

(1) Proudhon, t. I, p. 459; Mourlon, *Rép écrit.*, t. I, p. 501 en note.

Mais la femme ne pourrait sans autorisation exercer une surenchère sur les biens des tiers, ni suivre devant la justice les effets d'un des actes conservatoires que nous venons d'indiquer, comme assigner en validité de saisie-arrêt, ou en garantie d'un protêt à sa requête.

Il faut décider, par une juste réciprocité, que les tiers pourront valablement exercer des actes conservatoires contre la femme non autorisée; mais il ne faudrait pas aller trop loin et leur permettre d'exercer contre la femme non autorisée des actes d'exécution. Cependant un arrêt de la cour de Bordeaux du 4 août 1829, et un arrêt de la cour d'Amiens du 21 novembre 1838 ont jugé le contraire, en se fondant sur l'art. 2208. Mais cet article suppose, au contraire, que l'autorisation est nécessaire. puisqu'il porte que la femme, au refus du mari. peut être autorisée en justice.

La femme peut encore sans autorisation révoquer un mandat qu'elle a donné. que le mandataire soit un tiers ou son mari lui-même (1).

II. — *Actes que la femme peut faire valablement sans autorisation parce que la loi l'en a dispensée.* —Nous avons déjà dit que l'art. 216, apportant une exception à l'art. 215, permettait à la femme d'ester un jugement sans autorisation

(1) Caen, 15 juillet 1821; Demolombe, t. IV, n° 185.

lorsqu'elle est défenderesse en matière criminelle, correctionnelle ou de police; et nous avons dit quelle était la portée de cette exception suivant les différentes hypothèses qui peuvent se présenter (1).

Les art. 226 et 905 permettent à la femme de tester sans autorisation. En effet, le testament doit être exclusivement l'œuvre de la volonté personnelle du testateur. D'ailleurs la possibilité pour la femme de faire son testament sans autorisation ne présente aucun inconvénient et n'est pas incompatible avec le principe de la puissance maritale, car le testament est un acte révocable qui n'engage à rien et qui, de plus, ne doit avoir d'effet qu'après la mort de la femme. Cependant, quelques coutumes, exagérant le principe de l'incapacité de la femme mariée, lui défendaient de faire seule son testament; c'étaient les coutumes générales de Normandie, Bourgogne et Bretagne, Artois, Nivernais et Bourbonnais, ainsi que plusieurs coutumes locales. Cela explique l'insistance des rédacteurs du Code sur un point qui semble aller de soi.

La capacité de tester entraîne pour la femme celle de révoquer son testament. Cette révocation peut être faite dans les mêmes formes par la femme que par toute autre personne.

(1) Voir page 125.

L'art. 1096 lui permet aussi de révoquer sans autorisation la donation entre-vifs qu'elle aurait faite à son mari pendant le mariage. On comprend en effet que la faculté pour la femme de révoquer les donations par elle faites à son mari eût été insignifiante si elle n'avait pu l'exercer qu'avec l'autorisation de ce dernier.

Elle peut certainement acquérir, sans autorisation, par accession et par prescription; elle peut de même être dépouillée de sa chose par l'effet de ces deux mêmes causes. Car, en principe, la prescription court contre la femme mariée : elle est seulement, en certains cas spéciaux, suspendue en sa faveur (art. 2254 et 2256).

D'après l'art. 1990, la femme mariée n'a besoin d'aucune autorisation pour accepter et exécuter un mandat soit *ad litem*, soit *ad negotia ;* le mandant se trouvera lié par l'exécution du mandat, tant envers elle qu'envers les tiers avec lesquels elle aura contracté. Mais il est bien entendu que la femme mariée ne peut pas plus s'obliger par le contrat de mandat que par tout autre, et que si plus tard elle était recherchée, soit pour inexécution des conditions résultant de ce contrat, soit en reddition de compte, elle pourrait opposer la nullité résultant de ce qu'elle a accepté le mandat sans y être autorisée. Le mandant ne pourrait se plaindre, car il ne pourrait s'en prendre qu'à

lui-même d'avoir confié ses intérêts à un incapable (1).

Il est bien évident que, si la femme s'est enrichie, ou s'est rendue coupable de détournements,
dans l'exécution du mandat qu'elle a accepté sans
autorisation, elle sera tenue, sous quelque régime qu'elle soit mariée, soit de l'action *de in rem
verso*, soit de l'action résultant de son délit (2).

La femme peut enfin reconnaître seule un
enfant naturel qu'elle aurait eu avant son mariage. L'art. 337 suppose évidemment le droit
pour chacun des époux de faire une telle recon-
naissance; d'ailleurs, c'est un devoir de la mère
envers son enfant, c'eût été le rendre impossible
que de le subordonner à l'autorisation du mari;
enfin, c'est une déclaration toute personnelle,
pour laquelle l'autorisation de justice n'était pas
nécessaire (3).

CHAPITRE III.

FORMES DE L'AUTORISATION.

L'incapacité de la femme mariée consiste à ne
pouvoir faire sans autorisation certains actes que

(1) Proudhon et Valette, t. I, p. 162; Demolombe, t. IV, n°° 166
et 161; Aubry et Rau, t. III, § 111, n° 8.
(2) Aubry et Rau, *loc. cit.*, n°° 8 et 9.
(3) Proudhon, t. II, p. 156; Demolombe, t. III, n° 417 et t. IV,
n° 187; Aubry et Rau, t. V, § 172, texte et note 26.

nous avons énumérés au chapitre précédent. L'autorisation qui lui est nécessaire peut être accordée soit par le mari, soit par la justice, c'est-à-dire par le tribunal du domicile du mari (art. 218 et 219).

En principe, c'est du mari que doit émaner l'autorisation nécessaire à la femme pour ester en justice et pour contracter; il y a cependant des cas assez nombreux dans lesquels l'autorisation de justice peut suppléer celle du mari. Quoi qu'il en soit, l'autorisation maritale est la règle, l'autorisation de justice l'exception.

SECTION I.

DE L'AUTORISATION DU MARI.

§ 1. — *De la spécialité.*

La condition essentielle à la validité de l'autorisation, c'est que cette autorisation soit *spéciale*. Cette règle est expressément consacrée par les art. 223 et 1538, al. 2. Ces articles tranchent les controverses qui existaient dans l'ancien droit sur le point de savoir si l'autorisation pouvait ou non être générale. Ils ne distinguent pas, ainsi qu'on le faisait autrefois entre les autorisations accordées par contrat de mariage, pour lesquelles on admettait généralement la validité de l'autorisation générale, et les autorisations qui interve-

naient pendant la durée de l'union conjugale,
pour lesquelles elle n'était pas admise (1).

Ainsi, l'autorisation n'est efficace qu'à la condition d'être spéciale, voilà le principe, qui est
aujourd'hui à l'abri de toute controverse. Il n'en
est pas de même de l'application et des conséquences de ce principe, et les auteurs sont loin
de s'entendre sans contestation sur le point de
savoir à quoi on pourra reconnaître qu'une autorisation est spéciale.

Nous dirons que l'autorisation est spéciale à la
condition d'être donnée séparément pour chaque
procès, pour chaque acte juridique que la femme
se propose de soutenir ou de passer; et nous exi-
gerons de plus qu'elle soit donnée en connaissance de cause, c'est-à-dire après examen de l'e-
poque où elle devra avoir lieu, et des diverses
circonstances dans lesquelles elle devra s'accomplir (2).

Telle est la règle générale dont nous allons
faire l'application à un certain nombre d'hypothèses.

Tout d'abord il est évident que l'autorisation
ne serait pas spéciale si elle n'était pas donnée séparément pour chaque instance judiciaire, pour
chaque acte juridique que la femme se propose

(1) Merlin, *Rép.*, t. I, v° Autoris. marit., sect. 6, § 2, art. 1
et 2.
(2) Demolombe, t. IV, n° 207.

<table><tr><td>*F.*</td><td>10</td></tr></table>

de passer; elle ne le serait pas non plus, si elle se rapportait à des actes juridiques déterminés seulement par leur nature, ou bien si les objets ou les sommes sur lesquels elle porte n'étaient pas spécifiés ou limités. Aussi ne serait pas spéciale l'autorisation donnée à une femme d'aliéner ou d'hypothéquer ses immeubles ou de contracter des emprunts. Jusqu'à présent il n'y a pas de difficultés, et ces points ne sont contestés par personne.

Mais que faut-il décider, si le mari autorise sa femme à aliéner, non pas tous ses immeubles, car la nullité serait évidente aux termes de l'art. 1538, al. 2, mais tels ou tels immeubles nominativement désignés, par exemple ses immeubles situés à Paris, ou même un seul immeuble déterminé. Certains auteurs regardent cette autorisation comme suffisamment spéciale; ils invoquent d'abord les art. 1538, 1987 et 1988, qui, disent-ils, déterminent bien ce que la loi a voulu désigner par autorisation spéciale, et montrent que l'autorisation qui ne s'applique qu'à certains biens ou à certaines affaires seulement est une autorisation spéciale. D'après eux, la loi n'a eu d'autre but que d'empêcher les autorisations illimitées, qui tendent, d'après Pothier, « à rendre la femme indépendante du mari et à la soustraire entièrement à sa puissance. » Ils invoquent enfin l'intérêt des deux époux, peut-être l'a_torisation doit-elle intervenir quand il est impossible de prévoir à quelle époque et dans quelles conditions se fera l'aliénation qu'elle a pour objet. Le mari part pour un long voyage, il prévoit que sa femme sera obligée d'aliéner tels ou tels immeubles; n'est-il pas désirable qu'il puisse l'autoriser (1)?

Cette interprétation des art. 223 et 1538 n'est pas exacte. Il ne faut pas, croyons-nous, chercher l'explication des mots *autorisation générale, autorisation spéciale* dans les art. 1987 et 1988 ; autre chose est un mandat spécial et une autorisation spéciale; c'est ainsi que le mandat relatif à une certaine affaire ou à une affaire seulement, comme, par exemple, le mandat d'aliéner tous les immeubles du mandant ou le mandat d'emprunter sans détermination de la somme, sera spécial dans le sens de l'art. 1987 ; tandis que l'art. 1538 déclare que l'autorisation d'aliéner ses immeubles donnée par le mari à sa femme ne sera pas valable. Le mot spécial n'a donc pas le même sens ni la même portée dans les deux cas. Il faut mieux donner aux mots autorisation spéciale le sens que leur donnaient nos anciens auteurs. Lebrun, Pothier, d'Aguesseau entendaient par là une autorisation donnée pour chaque affaire, et pour l'acte même qui va s'accomplir. L'autorisation que permettent

(1) Aubry et Rau, t. V, § 472, texte et note 66.

les auteurs que nous combattons ne serait, au fond, qu'une abdication du droit d'autoriser, abdication que le mari est incapable de faire, car l'autorisation n'est pas seulement un droit qui lui appartient comme mari, c'est encore un devoir qui lui est imposé comme gardien des intérêts matrimoniaux, devoir qu'il ne remplit pas lorsqu'il autorise en aveugle, sans savoir ni quand ni comment l'aliénation se fera. D'ailleurs, notre doctrine n'a pas les inconvénients qu'on lui reproche. Que le mari parte pour un long voyage, la justice ne sera-t-elle pas là pour donner à la femme l'autorisation dont elle a besoin (1) ?

Au contraire, l'autorisation donnée à la femme d'aliéner tous les immeubles qu'elle possède actuellement serait spéciale si le mari déterminait l'époque, le prix et toutes les conditions de l'aliénation. Cette autorisation serait donnée, en effet, en parfaite connaissance de cause; peu importe l'étendue ou la gravité des actes qu'elle serait destinée à valider (2). De même, le principe de la spécialité de l'autorisation n'empêche pas que le mari puisse, dans un même acte, donner à sa femme plusieurs autorisations spéciales pour plusieurs affaires différentes; pourvu que ces affaires soient spécialement désignées, la Cour de cassa-

(1) Proudhon, t. I, p. 465 et 466; Demolombe, t. IV, n° 207; Demante, t. I, n° 306 bis.
(2) Demolombe, loc. cit.

tion a donc eu raison de décider que l'autorisation donnée à la femme d'ester en jugement pour
faire annuler les engagements contractés par elle
avec son mari, est une autorisation spéciale et
suffisante (1).

Le mari ne pourrait donner à un tiers le mandat général d'autoriser sa femme à aliéner ou
à emprunter sans déterminer lui-même quels
biens, quelles sommes, et à quelles conditions.
Un tel mandat, outre qu'il serait contraire au
principe de la spécialité, serait une délégation de
la puissance maritale contraire à l'art. 6. Si le
mari veut autoriser sa femme par mandataire,
il devra déterminer lui-même les principales conditions de l'affaire pour laquelle il charge le tiers
d'autoriser sa femme (2).

Enfin, si la femme elle-même donne au mari un
mandat illimité d'aliéner ou d'emprunter, d'hypothéquer, etc..... pour elle et en son nom, sans
spécification des objets ou sans limitation des
sommes sur lesquelles un tel mandat devrait porter, l'autorisation tacite résultant de l'acceptation de ce mandat serait nulle. On peut dire, il est
vrai, qu'un pareil mandat est un mandat spécial
dans le sens de l'art. 1987 ; mais nous répondrons
à cela que, s'il est vrai de dire que le mandat soit

(1) Civ. rej., 29 juin 1842.
(2) Demolombe, t. IV, n° 209. — *Contra* Caen, 19 avril 1831.

spécial, ce n'est pas du mandat qu'il s'agit, mais
de l'autorisation ; or, l'autorisation est nulle, car
elle s'applique à un mandat illimité et indéter-
miné d'emprunter, d'aliéner ou d'hypothéquer.
De telles procurations seraient d'ailleurs funestes ;
les tolérer, serait aller directement contre le but
que le législateur s'est proposé en posant le principe de la spécialité ; en effet, ce principe a pour
but non-seulement de réserver au mari sa sur-
veillance, mais aussi de ménager celle de la femme.
Combien de maris obtiendraient des procurations
illimitées de leurs femmes qui n'en compren-
draient pas toute l'importance, et qui ne sauraient
d'ailleurs ni les refuser ni les révoquer plus
tard (1).

Le principe de la spécialité trouve son application même dans le cas où la femme, par suite
du régime sous lequel elle est mariée, ou par suite
d'une clause de son contrat de mariage, a conservé
la jouissance ou l'administration de tout ou partie
de ses biens. Elle doit être autorisée spécialement
pour faire tous les actes autres que ceux qui sont
une conséquence de son droit d'administration ;
elle ne pourrait, par une clause insérée dans son
contrat de mariage, se soustraire, pour tel ou tel
de ces actes, à la nécessité d'une autorisation
spéciale.

(1) Demolombe, t. IV, n° 210. — Aubry et Rau, t. V, § 472,
texte et note 67.

Mais, si le mari est, par suite du régime sous lequel les époux se sont placés, chargé de l'administration de tout ou partie des biens de la femme, et s'il donne à celle-ci le pouvoir de faire un ou plusieurs actes relatifs à cette administration, ce pouvoir, si illimité qu'il soit, est valable, car le principe de la spécialité est ici complétement étranger, et il en serait de même si le mari donnait à sa femme le pouvoir général d'aliéner ou d'hypothéquer les biens de la communauté ou des biens qui lui sont personnels, à lui mari. Dans ces hypothèses, en effet, il n'y a pas autorisation, mais bien procuration ordinaire, la femme est simplement mandataire comme pourrait l'être toute autre personne, et, en conséquence, les articles 223 et 1538 ne sont pas applicables (1).

Le principe de la spécialité de l'autorisation souffre deux exceptions :

Il résulte, par *a contrario* des termes de l'article 223, qu'une autorisation générale suffit pour permettre à la femme les actes d'administration, lorsque cette autorisation est contenue dans le contrat de mariage; cette autorisation peut être stipulée dans tous les régimes, elle résulte, même implicitement, de l'adoption du régime de séparation de biens (art. 1536), et du régime dotal, en ce qui touche les paraphernaux (1576).

(1) Demolombe, t. IV, n° 205. — Aubry et Rau, t. V, texte et note 69.

La seconde exception au principe de la spécialité concerne la femme marchande publique, qui, aux termes de l'art. 5 du Code de commerce, « peut, sans l'autorisation de son mari, s'obliger pour ce qui concerne son négoce. » Cet article contient non pas, comme on l'a dit quelquefois, une exception à la règle de l'incapacité, mais une exception à la règle de la spécialité de l'autorisation. Car, d'après l'art. 4 du Code de commerce, la femme ne peut être marchande publique qu'autant qu'elle y a été autorisée; et cette autorisation emporte pour elle l'autorisation générale de s'obliger pour tout ce qui concerne son négoce.

§ II. — *Comment l'autorisation du mari peut être donnée.*

Nous venons de voir, dans le paragraphe précédent, que l'autorisation doit être spéciale. Mais la spécialité est aujourd'hui la seule condition de forme requise pour la validité de l'autorisation maritale. Il n'en était pas ainsi dans l'ancien droit. L'autorisation d'ester en jugement pouvait, à la vérité, résulter du consentement du mari, de quelque manière qu'il fût exprimé; mais, en matière extrajudiciaire, l'autorisation devait être expresse et sacramentelle. Dans la plupart des coutumes, elle ne pouvait résulter que du seul mot *autoriser* ; cependant Pothier considérait l'expression *habiliter* comme équivalente (1).

Le Code a supprimé cette différence ; pour les actes extrajudiciaires comme pour les actes judiciaires, le consentement du mari suffit aujourd'hui, de quelque manière qu'il se manifeste. L'art. 217 ne laisse aucun doute à cet égard, en ce qui concerne les actes extrajudiciaires, et si l'art. 215 ne dit pas formellement que l'autorisation du mari résulte de son concours dans l'instance engagée ou soutenue par sa femme, c'est parce que cela était déjà admis dans l'ancien droit. Du reste, le mot *assistance* se trouvait d'abord dans l'article à la place du mot *autorisation*, qui ne lui a été substitué que parce que le mot *assistance* figurait déjà dans un article précédent.

L'autorisation du mari peut être expresse ou tacite. L'art. 217 mentionne ces deux espèces d'autorisation : l'autorisation expresse, c'est le consentement, par écrit, du mari ; l'autorisation tacite, c'est son concours dans l'acte.

L'art. 217 désigne l'autorisation expresse par les mots : « consentement par écrit du mari ; » de là la question de savoir si elle peut être verbale.

On admet généralement l'affirmative ; l'autorisation, en effet, n'est autre chose que la manifesta-

(1) Voir page 112.

tion du consentement; or, la manifestation du consentement n'est soumise à aucune forme particulière. Si l'art. 217 parle seulement du consentement écrit du mari, ces expressions sont plutôt explicatives que restrictives; les rédacteurs du Code ont voulu, dans l'art. 217, exprimer cette idée que le concours du mari, c'est-à-dire son autorisation tacite, a la même valeur que son consentement par écrit (1). Si le législateur admet l'autorisation tacite, *a fortiori* doit-il reconnaître pour valable l'autorisation expresse, quand bien même elle serait verbale. Ce qui résulte seulement de l'art. 217, c'est que la preuve testimoniale de l'autorisation ne devrait pas être admise, quand même il s'agirait d'une valeur inférieure à 150 fr.; et nous irons jusqu'à dire qu'on ne devrait pas l'admettre, même avec un commencement de preuve par écrit. L'autorisation verbale ne pourra donc être prouvée que par l'aveu des parties (article 1356) ou par le serment (art. 1361 et 1363). Si le mari et la femme ont tous les deux avoué, ou tous les deux prêté ou refusé le serment, il n'y a pas de difficulté, l'existence de l'autorisation est établie d'une manière absolue envers et contre tous. Si c'est la femme qui, ayant capacité pour cela, a avoué ou juré que l'autorisation avait été

(1) Paris, 24 juin 1851; Aubry et Rau, t. V, § 472, texte et notes 52 et 53; Demolombe, t. IV, n° 192.

donnée, ou refusé de jurer qu'elle ne l'avait pas été, son existence est prouvée d'une manière absolue. Si c'est le mari, il perd désormais le droit d'attaquer l'acte passé par sa femme; mais celle-ci ou ses héritiers n'en conservent pas moins leur action en nullité.

L'autorisation du mari peut être donnée par simple lettre ou par acte sous seing privé, lors même que l'acte pour lequel la femme serait ainsi autorisée devrait être fait dans la forme authentique. L'art. 217 n'exige qu'un écrit, quel qu'il soit (1). C'est à tort que la Cour de cassation a jugé que l'autorisation nécessaire à la femme, pour faire une donation entre-vifs, constitue un des éléments de la donation et doit être renfermée dans un acte authentique (2).

D'après les anciens auteurs, la femme devait déclarer, dans l'acte même qu'elle passait, qu'elle était autorisée (3). C'était une conséquence de l'exagération qu'ils avaient donnée à la solennité de l'autorité maritale. Sous l'empire du Code il n'en est plus ainsi, bien que Toullier ait encore essayé de le soutenir. L'autorisation, nous l'avons dit, n'a plus rien de solennel; aussi devons-nous

(1) Demolombe, t. IV, n° 191; Aubry et Rau, t. V, texte e note 51, § 472.
(2) Req. rej., 1er décembre 1846.
(3) Pothier, Puissance du mari, n° 72; Lebrun, De la femme, v. II, ch. I, sect. IV, n° 17.

en conclure qu'il n'est pas nécessaire qu'elle soit énoncée dans l'acte passé par la femme (1).

A plus forte raison il faut reconnaître, comme valable, l'autorisation du mari qui ne se trouverait qu'à la fin de l'acte et après la signature de la femme, pourvu toutefois qu'on ne prouve pas qu'elle y a été adaptée postérieurement à la confection de cet acte.

Si le mari était absolument incapable de manifester sa volonté par écrit ou verbalement, par exemple s'il était sourd-muet, rien ne s'opposerait à ce qu'il donnât lui-même son autorisation, s'il pouvait se faire comprendre par un moyen quelconque de communication (2).

L'art. 217, nous l'avons dit, fait résulter l'autorisation tacite du concours du mari dans l'acte, et rien n'est plus rationnel. Mais quand pourra-t-on dire qu'il y a eu concours du mari dans l'acte et par conséquent autorisation? C'est là une question de fait qu'il appartiendra aux tribunaux de décider. Il est certain, par exemple, que le mari qui intente une action contre sa femme l'autorise par cela même à se défendre. De même, le mari qui fait une donation à sa femme l'autorise à l'accepter; et s'il en accepte une de sa part, il l'autorise à la faire. Le mari qui tire une lettre de

(1) Demolombe, t. IV, n° 195. — *Contrà* Toullier, t. II, n° 647, et Duranton, II, 451.

(2) Demolombe, t. IV, n° 221.

change sur sa femme l'autorise à l'accepter. Au contraire, lorsque la femme passe un acte avec le mandataire du mari, on ne saurait voir là un équivalent du concours personnel du mari; on ne saurait non plus voir une autorisation tacite dans ce fait que la femme a écrit son obligation à la suite d'un billet souscrit par son mari, ou bien lorsqu'elle a cautionné son obligation; à moins que le mari n'ait écrit de sa main l'obligation de sa femme à la suite de la sienne (1). Il a été jugé que la croix apposée par le mari qui ne sait pas signer, sur les billets souscrits par sa femme, ne constituait pas une autorisation tacite (2). Il ne faudrait pas accepter cette décision d'une manière absolue, et il pourrait se faire que, dans un autre cas et en vertu de leur pouvoir discrétionnaire, les tribunaux, appréciant les circonstances, rendissent une décision contraire.

Nous pourrions donner d'autres exemples du concours du mari; nous nous bornerons à ceux que nous venons de citer, et nous nous demanderons maintenant si ce concours est la seule circonstance d'où puisse résulter l'autorisation tacite.

Un certain nombre d'auteurs, faisant une distinction entre l'autorisation pour faire le commerce et toute autre autorisation, pensent que pour la première le consentement du mari peut

(1) Riom, 2 février 1810; Paris, 11 mai 1856.
(2) Paris, 13 juin 1807.

s'induire d'autres circonstances que de son concours; mais que, en dehors de ce cas unique, le
concours du mari dans l'acte est indispensable (1). Dans cette opinion on soutient que l'exception relative à la femme commerçante ne peut
que confirmer la règle; qu'en effet, l'ancien droit
se contentait aussi dans ce cas du consentement
tacite ou plutôt de la tolérance du mari; que de
plus l'art. 5 du Code de commerce, qui déclare
que « la femme ne peut être marchande publique
sans le consentement de son mari, » n'exige pas,
comme l'art. 217 du Code civil, son consentement
par écrit, et que cette rédaction est intentionnelle,
car elle consacre une différence déjà ancienne.

Nous croyons, contrairement à cette doctrine,
que l'art. 217 ne doit pas plus, en ce qui concerne l'autorisation tacite, que relativement à
l'autorisation expresse, être interprété d'une façon restrictive. Si le concours du mari dans
l'acte emporte nécessairement autorisation, il ne
s'ensuit pas que l'autorisation ne puisse résulter
d'autres faits également concluants; nous ne
voyons pas de raison pour faire une exception
en faveur de la femme commerçante. Si l'autorisation verbale est suffisante, pourquoi l'autorisation tacite résultant de la conduite personnelle
du mari ne suffirait-elle pas ? Si l'art. 217 men-

(1) Demolombe, t. IV, n° 197; Mourlon, *Rép. écr.*, t. I, p. 405.

tionne seulement le concours du mari dans l'acte, ce n'est pas par un esprit d'exclusion, mais parce que ce fait est en pratique le plus ordinaire et le plus significatif. Disons donc que c'est aux magistrats qu'il appartiendra d'apprécier, suivant les circonstances, si oui ou non le mari a concouru à l'acte de manière a autoriser la femme (1).

§ III. — *Du moment auquel doit intervenir l'autorisation du mari.*

L'autorisation du mari peut être donnée soit avant l'acte, soit dans l'acte même pour lequel la femme en a besoin. Ces deux propositions résultent évidemment de l'art. 217, qui, d'une part, déclare suffisant le consentement par écrit, ce qui prouve bien que la présence du mari n'est point indispensable, et, d'autre part, dit que son concours dans l'acte suffit pour habiliter la femme.

Reste une question fort débattue, c'est celle de savoir si l'autorisation peut être valablement donnée après l'acte. Selon nous, cela n'est pas possible; mais avant d'aborder la discussion de cette question, commençons par écarter plusieurs hypothèses qui ne sont contestées par personne.

(1) *Sic* Aubry et Rau, t. V, § 472, texte et note 38; Grenoble, 14 janvier 1830; Bourges, 9 juillet 1831; Paris, 15 mai 1848;

Le mari ne pourrait, alors que la femme a rétracté son consentement, la forcer à subir les conséquences de l'acte qu'elle désavoue. Les auteurs mêmes qui admettent la validité, à l'encontre de la femme, de l'autorisation postérieure du mari, ne vont pas jusque-là. Ils reconnaissent également qu'après la mort de la femme, le mari ne pourrait pas ratifier l'acte qu'elle a fait de manière à enlever aux héritiers de la femme leur action en nullité.

Il est certain, d'un autre côté, que le mari pourrait très-bien ratifier l'acte de sa femme quant à lui, et renoncer à l'action en nullité qui lui appartient en propre.

Enfin, il est incontestable que le vice provenant du défaut d'autorisation peut disparaître entièrement par l'effet d'une ratification émanant, soit des deux époux à la fois, soit de la femme autorisée de son mari.

Le point difficile, celui sur lequel les jurisconsultes ne sont pas d'accord, c'est de savoir si le mari peut, par une *ratification postérieure*, rendre cet acte inattaquable d'une manière absolue, c'est-à-dire, non-seulement renoncer à son action en nullité, mais encore enlever à la femme celle qui lui appartient. Nous avons dit par une ratification postérieure; il ne saurait plus être question, en effet, d'autorisation, puisque le consentement du mari est postérieur à l'acte de la femme; le mari ne peut donner son consentement après coup, tout au plus pourrait-il ratifier ce que la femme a fait sans autorisation.

On soutient (1) que l'autorisation peut être non-seulement antérieure ou concomitante, mais encore postérieure à l'acte, et voici sur quels arguments on se fonde :

On invoque d'abord l'opinion des anciens auteurs qui étaient unanimes pour admettre que la ratification postérieure était possible (2); et, en second lieu, le texte de l'art. 217 qui admet, dit-on, l'autorisation postérieure, puisqu'il ne la défend pas.

On tire un autre argument de l'inaction de la femme; la femme, dit-on, persévère dans son consentement dès qu'elle n'attaque pas l'acte qu'elle a fait; la nullité de l'acte ne résulte donc que du défaut d'autorisation ou de consentement; dès lors, ce vice doit disparaître et l'acte devenir inattaquable dès que ce consentement intervient et que le concours des deux volontés existe.

(1) Proudhon, t. 1, p. 188; Delvincourt, t. 1, p. 73. notes, p. 395; Marcadé, sur l'art. 223, n° 1; Aubry et Rau, t. V. § 474, texte et note 118. — Riom, 23 janvier 1809; Colmar, 28 novembre 1816; Dijon, 1er août 1813.

(2) Lebrun, De la com., liv. II, ch. 1, sect. V, n°s 5-9; Pothier, De la puissance du mari, n°s 5 et 74.

En dernier lieu, on invoque les travaux préparatoires du Code. Le projet contenait, après l'art. 217 tel qu'il est rédigé aujourd'hui, un second alinéa ainsi conçu : « Le consentement du mari, quoique postérieur à l'acte, suffit pour le valider. » Ce qui prouve bien quelle était l'opinion du législateur. Si cet alinéa a disparu après avoir été admis par le conseil d'État tout entier, c'est simplement par suite d'un renvoi à la section de législation et d'un remaniement tout à fait étranger à sa disposition.

Nous avons déjà dit que nous n'adoptions pas ce système, et que nous n'admettions pas la validité de l'autorisation maritale intervenue après coup.

Les arguments de nos adversaires sont faciles à réfuter. Sans nous arrêter à l'argument fondé sur l'opinion unanime des auteurs anciens, disons de suite que l'argument tiré du silence de l'article 217 n'est pas exact; en effet, par cela seul que l'art. 217 ne parle que d'autorisation, il ne regarde comme valable qu'un acte qui mérite ce nom; or, on ne comprend pas une autorisation intervenant après coup, c'est une ratification.

Mais, dit-on, si la femme ne s'oppose pas à la ratification du mari, cette ratification faisant cesser la seule cause de nullité de l'acte qui est le défaut d'autorisation, cet acte ne vaudra-t-il pas *ex novo consensu* ? A cela nous objecterons que la femme peut très-bien ne pas attaquer l'acte qu'elle a fait, sans nécessairement, par là, persévérer dans son consentement, et nous dirons avec Mourlon que : « Son silence a une autre explication qui est bien plus naturelle. N'oublions pas qu'elle ne peut ester en jugement sans autorisation. » Pour attaquer cet acte il lui faudrait demander à son mari de l'autoriser à cet effet, c'est-à-dire lui révéler la faute qu'elle a commise en contractant à son insu.

Nous dirons enfin, avec M. Demolombe, que les arguments puisés dans les travaux préparatoires du Code ne sont pas nécessairement décisifs, lorsqu'ils ne s'accordent pas avec les textes mêmes, tels qu'ils ont été votés, ni avec les principes généraux du droit. Ce qui est précisément le cas de la question actuelle.

Comment admettre que la femme puisse être privée, sans son aveu et par le fait d'autrui, de son action en nullité qui forme un bien dans son patrimoine? Cela serait contraire à l'art. 1428, qui déclare que le mari ne peut aliéner les immeubles de la femme sans son consentement, au moins dans les cas où l'acte fait par la femme et dont elle peut invoquer la nullité a pour objet l'engagement ou l'aliénation d'un de ses immeubles.

Ajoutons que, d'après l'art. 1304, la prescription de l'action en nullité (par dix ans) ne court contre la femme que du jour de la dissolution du mariage. Or, si l'on admet, ce que l'on conteste à tort, selon nous, que la même action en nullité se prescrit aussi contre le mari par dix ans, mais à partir du jour où il a eu connaissance de l'acte fait sans autorisation, on arrive, dans le système de nos adversaires, à cette conséquence singulière que l'expiration de ce dernier délai, emportant ratification tacite de la part du mari, emporte du même coup prescription de l'action en nullité qui appartient à la femme. Ce serait violer l'art. 1304.

Tels sont les arguments qui nous font admettre que la ratification d'un acte fait par la femme non autorisée ne serait possible pendant le mariage qu'autant qu'elle émanerait soit des deux époux ensemble, soit de la femme autorisée par son mari (1).

SECTION II.

DE L'AUTORISATION DE JUSTICE.

§ I. — *Des cas dans lesquels elle intervient.*

En principe, la femme mariée ne peut faire un acte judiciaire ou extrajudiciaire sans l'autorisa-

(1) Merlin, *Rép.*, t. I et t. XVI, v° Aut. marit., sect. VI, § 3, n° 2; Toullier, t. II, 648; Duranton t. II 518; Valette sur Proudh., t. I, p. 465, n° 6; Demolombe, t. IV, n° 211; Mourlon, *Rép. écr.*, t. I, p. 402. — Rouen, 18 nov. 1823; Req. rej., 12 février 1828; Grenoble, 28 juillet 1828; Cass, 26 juin 1829; Paris, 23 février 1849 et 12 mai 1855.

tion de son mari. Cependant il peut se faire que le mari ne veuille pas ou ne puisse pas donner cette autorisation. La loi a prévu cela, et c'est au tribunal qu'elle a confié la mission d'autoriser la femme pour les cas où le mari refuserait ou serait dans l'impossibilité de le faire (art. 218 et suiv.).

Remarquons, toutefois, que l'autorisation maritale est la règle, l'autorisation de justice l'exception. La femme ne peut donc recourir à celle-ci que dans les cas et sous les conditions déterminées par la loi elle-même.

Ainsi, le refus du mari ou l'impossibilité où il se trouve de donner son autorisation, sont les deux hypothèses dans lesquelles la justice peut accorder à la femme l'autorisation dont elle a besoin.

La première est très-simple. Le mari a, sans doute, le droit de refuser son autorisation; mais, d'un autre côté, la femme ne doit pas souffrir d'un refus injuste. C'est aux tribunaux qu'il appartiendra de décider si ce refus a une cause légitime et de voir si l'autorisation peut être accordée.

L'impossibilité pour le mari d'autoriser lui-même sa femme résulte de certaines circonstances d'un ordre physique ou d'un ordre purement légal que nous allons énumérer.

1° L'absence déclarée ou simplement présumée du mari est au premier rang des causes de cette impossibilité (art. 222). Mais, que faut-il décider si le mari est simplement non présent? Quelques auteurs pensent que la femme devra, dans ce cas, attendre le retour de son mari ou lui demander son autorisation par lettre; qu'en effet, quelle que soit l'acception que les rédacteurs du Code aient voulu attribuer au mot absent dans l'art. 222, on est forcé de reconnaître, d'après la rédaction restrictive de l'art. 863 du Code de procédure, qu'en traçant les formes à suivre pour obtenir l'autorisation du juge, les rédacteurs de ce dernier Code n'ont pas cru devoir assimiler le cas où le mari est simplement éloigné de son domicile à celui où il est absent dans le sens propre de cette expression (1). Nous ne partageons pas cette opinion que nous trouvons trop absolue, et nous croyons que c'est là une question de fait qu'il appartiendra aux tribunaux de résoudre. Sans doute il ne faut pas que la femme profite d'un voyage de son mari pour traiter à son insu des affaires importantes, mais il ne faut pas non plus qu'elle soit empêchée de faire un acte urgent pour lequel il serait trop long d'attendre le retour du mari ou son autorisation par lettre. Elle pourra donc, d'après nous, s'adresser, dans ce dernier cas, à la justice, qui appréciera d'abord les circonstances

---

(1) Marcadé, sur l'art. 222; Aubry et Rau, t. V, § 472, texte et note 39.

de la demande et ensuite l'opportunité qu'il y a d'y faire droit (1).

2° Le mari, condamné contradictoirement ou par contumace à une peine afflictive ou infamante est, pendant la durée de sa peine ou de sa contumace, incapable d'autoriser sa femme en quelque matière et pour quelque acte que ce soit (art. 221).

Les mots « pendant la durée de la peine » ont donné lieu à une difficulté. On s'est demandé si la dégradation civique rend le mari incapable d'autoriser sa femme. Voici d'où vient le doute : la dégradation civique est bien une peine infamante, et comme telle devrait entraîner l'impossibilité pour le mari d'autoriser sa femme ; mais, d'une part la dégradation civique est perpétuelle, et d'autre part toutes les peines afflictives ou infamantes emportent la dégradation civique ; il s'ensuivrait donc que la déchéance du droit d'autorisation serait toujours perpétuelle, sauf le cas très-rare de la réhabilitation. Telle était l'opinion soutenue par M. Delvincourt (2). Cette opinion est trop contraire au texte de l'art. 221 pour que nous puissions l'admettre. Les mots « pendant la durée de la peine » supposent évidemment que la loi n'a entendu prononcer l'incapacité que pour

(1) Pothier, *Puissance du mari*, n° 12 ; Demolombe. t. IV n° 211 ; Mourlon, *Rép. écr.*, t. I, p. 396.
(2) Delvincourt, t. I, p. 75, note 18.

un certain temps. Pour dire que l'incapacité résultant de la dégradation civique est perpétuelle, il faudrait admettre que la dégradation civique entraîne déchéance de la puissance maritale. Or, l'art. 34 du Code pénal, énumérant les incapacités qui résultent de la dégradation civique, ne prononce point la déchéance du droit d'autorisation (1).

3° « Si le mari est mineur, dit l'art. 224, l'autorisation du juge est nécessaire à la femme soit pour ester en jugement, soit pour contracter. » Il n'en était pas ainsi dans l'ancien droit, où le mari même mineur pouvait autoriser sa femme, car alors le fondement unique de l'autorisation était l'intérêt de la puissance maritale. Nous avons dit que tel n'est plus aujourd'hui le fondement de l'autorisation, qui a ainsi pour base la protection des intérêts matrimoniaux, et de la femme elle-même. La loi n'a pas voulu qu'un incapable pût autoriser un autre incapable. « Comment, disait M. Portalis, le mari pourrait-il autoriser les autres, quand il a lui-même besoin d'autorisation (2)? »

Il suit de là que le mari mineur, émancipé par le fait de son mariage, peut autoriser sa femme quant aux affaires dont il peut traiter par lui-

(1) Valette sur Proudh., t. I, p. 470, note a; Marcadé, t. II, sur l'art. 273; Demolombe, t. IV. n° 213, 216, 217, 219; Aubry et Rau, t. V. § 472, texte et note 42.
(2) Locré, Lég., t. IV, p. 524, n° 68

même, et sans l'assistance de son curateur, à raison de son émancipation. Au surplus, cette exception au principe posé dans l'art. 224 a peu d'importance pratique. En effet, les actes que le mari mineur émancipé peut faire seul sont les actes d'administration ; or, si l'administration des biens personnels de sa femme lui revient en vertu des conventions matrimoniales, il y pourvoira lui-même ; si c'est à sa femme qu'elle appartient, celle-ci n'aura pas besoin d'autorisation pour l'exercer. Cependant notre exception trouvera son application sous le régime de la séparation de biens et sous le régime dotal lorsqu'il y a des paraphernaux ; dans ces deux cas, le mari mineur pourra autoriser sa femme à exercer les actions mobilières ou possessoires dont l'exercice appartient à celle-ci (1).

4° L'art. 222 range l'interdiction parmi les causes légales qui empêchent le mari d'autoriser sa femme.

Il n'y a pas de difficulté lorsqu'il existe un jugement d'interdiction ; mais il peut se faire que le mari, quoique non interdit, ait été dans l'impossibilité de manifester sa volonté, lorsqu'il a autorisé sa femme. Nous croyons, avec M. Demolombe, que dans ce cas les tiers seraient admis à prouver qu'en effet le mari était dans l'im-

(1) Aubry et Rau, t. V, § 472, texte et note 13 ; Demolombe, t. IV, nos 220, 221.

possibilité d'exprimer une volonté au moment où il a donné son autorisation. Ce sera surtout une question de fait, et il faudra tenir grand compte du plus ou du moins de notoriété de l'état actuel du mari, du caractère de l'acte auquel s'appliquait l'autorisation, et de toutes autres circonstances (1). Si l'autorisation n'était attaquée pour cause de démence qu'après la mort du mari, il y aurait lieu alors à l'application de l'art. 504.

Il faudra le plus souvent assimiler au mari interdit le mari qui est retenu dans une maison d'aliénés, conformément à la loi du 30 juin 1838. Nous disons le plus souvent, car, l'art. 39 de cette loi disant seulement que les actes *pourront* être annulés, nous n'allons pas, comme MM. Aubry et Rau, jusqu'à une assimilation presque complète de l'individu interdit et de l'individu placé, sans jugement d'interdiction, dans une maison d'aliénés (2).

Lorsque c'est la femme elle-même qui est nommée tutrice de son mari interdit (art. 507), l'état d'interdiction du mari conduit à des résultats qui peuvent sembler bizarres au premier abord. Elle peut faire seule, en sa qualité de tutrice, tous les actes permis aux tuteurs, non-seulement quant

---

(1) Valette sur Proudh., t. II, p. 340; Demolombe, t. IV, n° 223 : Aubry et Rau, t. V, texte et note 147.

(2) Sic Demolombe, t. IV, n° 223. — *Contra* Aubry et Rau, t. V, § 472, texte et note 40.

aux biens personnels du mari, mais encore quant aux biens de la communauté ou à ses biens personnels qu'elle peut administrer en sa qualité de tutrice, si les conventions matrimoniales en avaient attribué au mari la jouissance et l'administration. Il y aura cependant des cas dans lesquels l'autorisation de justice lui sera nécessaire, en ce qui concerne ses biens personnels. C'est d'abord lorsqu'elle voudra ester en jugement, soit comme demanderesse, soit comme défenderesse, dans le cas où un tuteur pourrait le faire, par exemple en matière mobilière, car alors elle agira en son propre nom et pour son compte personnel, et, son mari interdit ne pouvant l'autoriser, il faudra bien qu'elle ait recours à l'autorisation de justice (1). Il en sera de même lorsqu'il s'agira d'actes qui excèdent les limites de l'administration. Le mari n'ayant pas le droit de les faire, on ne pourra dire que c'est au nom du mari qu'elle agit, c'est en son propre nom ; il lui faudra donc l'autorisation de justice.

La question de savoir si le mari, non interdit, mais pourvu d'un conseil judiciaire, peut autoriser lui-même sa femme, a donné lieu à plusieurs opinions, quand il s'agit d'actes qu'il ne peut faire lui-même sans l'assistance de son conseil. Nous n'admettons pas l'opinion qui, se fondant sur ce

___

(1) *Sic* Demolombe, t. IV, n° 217. — *Contra* Duranton, t. III, n° 731.

que l'art. 222 ne prononce d'incapacité que contre l'interdit, déclare que l'individu pourvu seulement d'un conseil judiciaire, demeure capable d'autoriser sa femme pour toute espèce d'actes (1). Nous rejetons également l'opinion d'après laquelle le mari pourvu d'un conseil judiciaire peut bien autoriser lui-même sa femme, mais à la condition qu'il sera assisté de son conseil dans tous les actes pour lesquels cette assistance lui serait nécessaire (2). Selon nous, le mari, pourvu d'un conseil judiciaire, peut bien autoriser sa femme à passer les actes qu'il peut lui-même passer sans l'assistance de son conseil ; mais il ne peut l'autoriser quant aux actes pour la validité desquels l'assistance de son conseil lui est nécessaire. Cela est tout à fait conforme à l'esprit de la loi, d'après lequel. ainsi que nous l'avons déjà dit, un incapable ne saurait autoriser un autre incapable (3).

On voit, par ce que nous venons de dire, que la minorité et l'interdiction du mari modifient les règles de l'autorisation maritale ; ces règles seront-elles aussi modifiées par l'interdiction et la minorité de la femme? La loi ne s'est pas expliquée sur ce point, c'est à nous d'examiner la question.

(1) Duranton, t. II, n° 507.
(2) Chauveau. VI, 2725; Paris, 27 août 1833.
(3) Demolombe, t. IV, n° 226; Aubry et Rau, t IV, texte et note 13 ; Civ. Cass., 11 août 1840; Rennes, 7 décembre 1840.

Supposons d'abord que la femme est interdite : si le mari est tuteur conformément à l'art. 506, pas de difficulté, on appliquera les règles ordinaires de la tutelle. Mais il peut se faire que la femme ait un tuteur étranger, le mari se trouvant excusé, exclu, ou destitué de la tutelle. La loi n'a pas prévu ce cas, probablement parce qu'il se présentera rarement ; cependant, cette hypothèse peut se présenter. Pour les actes que la femme aurait pu faire seule avant son interdiction, soit en vertu de son contrat de mariage, soit en vertu d'une séparation de biens, le tuteur pourra aussi les faire seul comme mandataire de la femme. La question est plus délicate en ce qui concerne les actes que la femme n'aurait pu faire qu'avec l'autorisation de son mari ou de justice. On pourrait dire que pour ces actes l'autorisation est toujours nécessaire, que la femme soit ou non interdite ; cette solution aurait l'avantage de ne pas rendre le mari étranger à la gestion de la fortune de sa femme. Nous pensons, cependant, qu'on ne doit pas s'écarter ici des règles ordinaires de la tutelle et que l'autorisation ne sera pas nécessaire au tuteur. En effet, aux termes de l'art. 509, la femme interdite est purement et simplement assimilée à un mineur ; de plus, les art. 215 et 217 ne s'appliquent qu'aux cas où la femme agit par elle-même. Ne serait-ce pas d'ailleurs créer sur les biens de la femme deux autorités rivales et souvent inconciliables, et les intérêts de la femme ne souffriraient-ils pas des conflits qui pourraient s'élever entre le mari et le tuteur (1) ?

Tel est l'avis de M. Demolombe, qui admet la même solution dans le cas où la femme est pourvue d'un conseil judiciaire. Cette assimilation ne nous paraît pas exacte, et nous croyons que la nomination d'un conseil judiciaire ne porte aucune atteinte à l'autorité maritale et la laisse subsister dans toute sa force pendant le mariage (2). La femme pourvue d'un conseil judiciaire agit toujours par elle-même, à la différence de la femme interdite qui n'agit point. Le mari et le conseil interviendront concurremment. Le premier pour donner son autorisation, le second pour fournir son assistance.

Enfin, si nous supposons que la femme est mineure, deux hypothèses peuvent se présenter : ou le mari est majeur ou il est mineur. S'il est majeur, il autorisera sa femme comme mari, et de plus l'assistera comme curateur dans tous les cas où cette assistance est nécessaire au mineur émancipé (art. 480 et 482) ; quant aux actes pour lesquels il faut en outre l'autorisation du conseil de famille et l'homologation du tribunal, la femme devra recourir à ces formalités, indépendamment de l'autorisation de son mari qu'elle devra en ou-

(1) Demolombe, t. IV, n° 228 ; Amiens, 20 décembre 1825.
(2) Montpellier, 14 déc. 1841.

tre obtenir. Si le mari est lui-même mineur, il ne peut être alors le curateur de sa femme ; on nommera alors à la femme pour chaque affaire particulière un curateur *ad hoc*, l'état d'une femme mariée ne comportant pas l'établissement d'une curatelle permanente et générale (1).

Nous avons passé en revue les différentes hypothèses dans lesquelles la loi déclare l'autorisation de justice nécessaire à la femme. Ces hypothèses sont-elles les seules et ne doit-on pas exiger que la femme se fasse autoriser par la justice, lorsqu'elle s'oblige envers un tiers dans l'intérêt de son mari et lorsqu'elle contracte directement avec lui? Le mari est-il lui-même capable d'autoriser sa femme dans ces deux cas?

La première de ces hypothèses n'offre pas de difficultés ; et tout le monde admet aujourd'hui que le mari peut valablement autoriser sa femme à passer avec des tiers des actes à la conclusion desquels il serait personnellement intéressé. L'opinion contraire, soutenue dans les premiers temps de la promulgation du Code civil, a dû être abandonnée en présence de l'art. 217 qui, déclarant la femme incapable de donner, d'aliéner, etc., sans le concours du mari dans l'acte ou son consentement par écrit, la déclare par cela même capable, pour tous les cas sans distinction, avec

(1) Mourlon, *Rép. écr.*. t. I, p. 397, note ; Demolombe, t. IV, n° 229.

le concours du mari dans l'acte ou son consentement par écrit ; des art. 218, 219 et suivants qui
déterminent les cas dans lesquels il y aura lieu à
l'autorisation de justice, sans y comprendre celui
dont nous nous occupons, et enfin des art. 1419
et 1431, qui supposent en toutes lettres que la
femme s'est valablement obligée avec le consentement du mari dans son intérêt et comme caution. Notre droit diffère donc profondément sous
ce rapport du droit romain, où le sénatus-consulte Velléien et surtout la Novelle 134, chap. 8,
rendaient inefficace l'obligation de la femme pour
son mari (1).

La seconde hypothèse est plus difficile et plus
contestée que la première. Nous croyons que la
réponse doit être la même et que le mari peut
valablement autoriser la femme à traiter directement avec lui-même. Nous ne voyons pas comment on pourrait admettre dans le second cas
une solution différente de celle qui a été admise
dans le premier, et tous les arguments que l'on
donne dans le premier sont applicables au second. D'ailleurs la femme court autant de dangers lorsqu'elle traite avec des tiers dans l'intérêt
personnel de son mari que lorsqu'elle contracte
avec ce dernier personnellement. Le législateur
s'est chargé lui-même de prohiber entre les

(1) Demolombe, t. IV, n° 233 V. les nombreux arrêts cités par
cet auteur.

époux les actes qu'il a jugés dangereux. C'est ainsi que la vente est interdite entre époux, sauf dans trois cas (art. 1595); il en est de même de l'échange (art. 1707), et les art. 1394 et 1395 défendent aux époux tout contrat qui constituerait une dérogation aux conventions matrimoniales. Enfin, il est d'autres actes qu'il n'a permis qu'à certaines conditions. Mais pour ceux dont il ne s'est pas occupé, sans entrer avec M. Demolombe dans l'examen approfondi de la théorie des contrats entre époux, nous dirons comme lui que la seule autorisation du mari suffit à la femme (1).

En général, la justice peut accorder son autorisation à la femme dans les cas où le mari pourrait lui accorder la sienne; il y a cependant des hypothèses dans lesquelles l'autorisation de justice ne peut remplacer celle du mari; les trois premiers ne donnent lieu à aucune contestation, la quatrième au contraire est très-discutée :

1° Lorsque la femme mariée sous le régime dotal veut aliéner ses immeubles dotaux pour l'établissement des enfants communs (art. 1546). Si le mari refuse son consentement à l'établissement de ses enfants, c'est qu'il a de bonnes raisons pour

(1) Pothier, *Puissance du mari*, n° 52; Delvincourt, t. 1, p. 159; Toullier, t. XII, n° 11; Marcadé, t. II, sur l'art. 221, n° 2; Demolombe, t. IV, 231-243; Aubry et Rau, t. V, § 472, texte et notes 46 et 47. — Paris, 2 décembre 1820; Nîmes, 9 février 1842; Grenoble, 11 mars 1831; Bordeaux, 29 avril 1836.

le faire ; la justice n'a pas à intervenir dans ce dé_
bat. Mais cette exception doit être interprétée res-
trictivement ; aussi l'autorisation de justice serait
suffisante, si la donation des biens dotaux devait
avoir lieu au profit des enfants que la femme aurait d'un mariage antérieur (art. 1555), ou si
elle portait sur les biens paraphernaux, ou enfin
si les époux n'étaient pas mariés sous le régime
dotal.

2° Lorsque la femme veut faire un compromis.
Cela résulte de la combinaison des art. 83-6° et
1004 du Code de procédure, puisqu'on ne peut
compromettre sur aucune des causes qui sont
sujettes à communication au ministère public, et
que les causes des femmes non autorisées de leurs
maris sont de cette nature.

3° Lorsque la femme mariée sous un autre régime que la séparation de biens veut accepter une
exécution testamentaire. On s'explique facilement pourquoi l'art. 1029 ne permet qu'à la femme
séparée de biens d'être exécutrice testamentaire
sans autorisation de son mari. L'exécuteur testamentaire étant imposé aux héritiers et ne pouvant
être révoqué par eux que pour des motifs graves,
la loi a voulu qu'il puisse offrir une garantie sé-
rieuse et efficace. Or, sous tout autre régime que
la séparation de biens, le mari a en général l'administration des biens de sa femme, et les engagements que celle-ci prendrait sans son autori-

sation ne peuvent porter atteinte à ce droit ; les héritiers ne trouveraient pas une garantie suffisante dans la nue-propriété des biens de la femme. Sous le régime de séparation de biens au contraire, la femme autorisée de justice peut s'obliger d'une manière complète, elle offre donc autant de garantie aux héritiers que toute autre personne.

Il résulte de l'esprit de l'art. 1029 que l'autorisation de justice pourrait suppléer l'autorisation maritale, en ce qui concerne l'acceptation de l'exécution testamentaire sous quelque régime que la femme fût mariée, lorsque la jouissance de ses biens n'est pas réservée au mari (1).

4° Lorsque la femme veut faire le commerce. C'est une question encore fort controversée aujourd'hui ; toutefois nous n'hésitons pas à nous prononcer d'une manière absolue pour l'impossibilité de suppléer à l'autorisation du mari lorsqu'il s'agit d'habiliter la femme à devenir marchande publique. Que le mari refuse, qu'il soit absent ou incapable, et que les époux soient mariés sous le régime de la communauté, ou sous le régime de séparation de biens, nous appliquerons notre décision sans distinction.

Personne n'a jamais soutenu que l'autorisation de justice puisse dans tous les cas habiliter la femme à faire le commerce. Nos adversaires n'ad-

(1) Demolombe, t. IV, n° 227 ; Troplong, Donat., IV, 2015.

mettent pas une opinion aussi radicale et se jettent dans des distinctions qui nous semblent tout à fait arbitraires.

Les uns, tout en ne permettant jamais à la justice d'autoriser la femme en cas de refus du mari, admettent qu'elle le fasse lorsque celui-ci est absent ou incapable de donner son consentement. Dans le premier cas, disent-ils, on conçoit que la justice ne puisse suppléer le mari; mais faut-il que, dans le second, l'impossibilité où il est de manifester sa volonté puisse rendre sa femme incapable d'une profession qui seule peut-être peut lui procurer sa subsistance, celle de ses enfants et celle de son mari? L'autorisation ne sera pas alors la contradiction, mais au contraire une substitution à la volonté, présumée conforme, du mari (1).

D'autres prétendent que l'autorisation de justice pourra toujours suppléer l'autorisation maritale, excepté si les époux sont mariés sous le régime de communauté. Si la famille est sans ressource, si le mari ne remplit pas ses obligations, la femme pourra demander la séparation de biens, et après l'avoir obtenue, la justice pourra l'autoriser à faire le commerce, même en cas de refus du mari (2).

Enfin une autre opinion a proposé de ne permettre à la justice d'autoriser la femme à faire le

(1) Marcadé, t. II, art. 220, n° 1; Duranton, t. II, n° 478.
(2) Paris, 24 oct. 1844.

commerce, qu'autant que les époux seraient séparés de corps. En effet, la communauté d'habitation
n'existant plus, on ne peut dire que le mari seul
a le droit de régler le genre de vie et les habitudes
de sa femme. La femme séparée de corps peut
employer son temps et pourvoir à ses ressources,
comme bon lui semble; et il arriverait souvent
que, si le mari seul avait le droit de donner son
autorisation, il la refuserait par esprit de vexation
et par méchanceté (1).

Nous ne pouvons admettre ces distinctions.
Sans doute notre solution peut présenter de
graves inconvénients, sans doute il serait, en certains cas, désirable que la justice pût autoriser la
femme à faire le commerce, et notamment si la
famille est sans ressources et si ce moyen devait
lui en fournir; mais, quoi qu'il en soit et quand
bien même les conséquences seraient encore plus
graves, nous serions obligés de maintenir notre
solution en présence des articles du Code, *dura
lex sed lex.*

Notre opinion est conforme aux textes, car,
nous l'avons déjà dit plusieurs fois, l'autorisation
maritale est la règle, l'autorisation de justice l'exception, et, comme telle, ne peut être admise que
dans les cas spécialement prévus par le Code; or
les art. 218, 219, 221, 222, 224 du Code civil et
861 du Code de procédure disent que l'autorisa-

(1) Caen, 8 juin 1846; Paris, 7 juillet 1850.

tion de justice peut suppléer celle du mari seulement lorsqu'il s'agit pour la femme d'ester en jugement, de passer un acte, de contracter; mais ils ne parlent pas du cas où la femme veut faire le commerce. L'art. 270 est, à la vérité, placé au milieu même des articles qui s'occupent de l'autorisation de justice, mais il ne renferme pas un seul mot d'où on puisse induire que la justice pourra autoriser la femme à faire le commerce. Enfin l'art. 4 du Code de commerce confirme le silence du Code civil; « La femme, dit cet article, ne peut être marchande publique sans le consentement de son mari. » On peut donc dire que les deux Codes sont d'accord sur ce point.

Considérons d'ailleurs quels inconvénients il y aurait à ce que la femme pût être autorisée, contre le gré de son mari, à faire le commerce. Ce serait en quelque sorte la soustraire à l'autorité de son mari; comme commerçante, elle acquiert le droit de s'obliger personnellement et même d'aliéner et d'hypothéquer ses immeubles (art. 5 et 7, C. de Co.). Enfin elle devient sujette à la mise en faillite, et dans le cas de banqueroute, sa fraude la rend passible d'une peine afflictive et infamante.

On voit que, si notre système présente des inconvénients, le système contraire en aurait aussi. Mais cela n'est qu'un argument secondaire, car la loi, nous espérons du moins l'avoir démontré, s'oppose absolument à ce que la justice puisse autoriser la femme à faire le commerce (1).

La justice ne peut pas davantage autoriser la femme à continuer le commerce dans le cas où le mari viendrait à révoquer le consentement qu'il avait d'abord donné. Il est vrai que M. Regnault (2) avait proposé au conseil d'État une rédaction d'après laquelle elle pouvait dans ce cas réclamer devant les tribunaux pour se faire autoriser à continuer, mais cette rédaction, quoique admise par la plupart des membres du conseil d'État, n'a pas passé dans la loi et on ne peut l'y suppléer.

Tout au plus peut-on admettre que, si la révocation a été brusque et intempestive et faite dans l'intention de nuire à la femme, la justice pourra intervenir et autoriser la femme à continuer son commerce pendant le temps nécessaire pour mener à fin ses affaires commencées (3).

à faire représenter des œuvres dramatiques; car alors, ce qui est en question, ce n'est pas un

M. Demolombe pense que la justice ne pourrait pas non plus, en cas de refus du mari, autoriser la femme à publier des œuvres littéraires ou

(1) Pardessus, *Droit comm.*, t. I, 63; Bravard, *Manuel de dr. comm.*, p. 18 et 20; Aubry et Rau, t. V, § 472, texte et note 41; Demolombe, t. IV, n° 249.

(2) Locré, *Légis. civ.*, t. XVII, p. 137.

(3) Demolombe, t. IV, p. 321; Toullier, t. XII, n°ˢ 237-239.

intérêt pécuniaire, mais la puissance maritale elle-même et la direction morale de la famille.

§ II. — *Formes de l'autorisation de justice.*

Ces formes sont indiquées par les art. 218 et 219 dont voici le texte :

Art. 218 : « Si le mari refuse d'autoriser sa femme à ester en jugement, le juge peut donner l'autorisation. »

Art. 219 : « Si le mari refuse d'autoriser sa femme à passer un acte, la femme peut faire citer son mari directement devant le tribunal de première instance de l'arrondissement du domicile commun, qui peut donner ou refuser son autorisation après que le mari aura été entendu ou dûment appelé en la chambre du conseil. »

On voit que, sous l'empire du Code, la forme de procéder pour obtenir l'autorisation de justice à l'effet de passer un acte était seule indiquée; quant à celle relative à l'autorisation pour ester en jugement, le Code n'en parlait pas. Mais l'art. 861 du Code de procédure qui parut plus tard dit que : « La femme qui voudra se faire autoriser à la poursuite de ses droits, après avoir fait une sommation au mari, et sur le refus par lui fait, présentera requête au président, qui rendra ordonnance portant permission de citer le mari à jour indiqué, à la chambre du conseil, pour déduire les causes de son refus.

On pourrait croire au premier abord que l'article 861 du Code de procédure n'a eu d'autre but que de compléter l'art. 218 du Code civil, sans rien changer d'ailleurs à l'art. 219, très-complet par lui-même, et de régler le cas où la femme veut se faire autoriser à ester en jugement. Il n'en est rien cependant. L'art. 861 du Code de procédure est postérieur à nos deux articles 818 et 819, on ne voit pas de raison pour que le législateur n'ait pas voulu appliquer à l'autorisation à l'effet de contracter ce qu'il dit de l'autorisation à l'effet de plaider. Il ne faut pas hésiter à regarder l'art. 861 du Code de procédure comme dérogeant à l'art. 819 du Code civil; la forme de procéder établie par cet article est trop sage pour que nous n'y voyions pas une abrogation de l'art. 819 (1).

Ainsi le même mode de procéder est applicable à tous les cas où la femme elle-même demande à la justice l'autorisation soit de plaider, soit de contracter. Mais en quoi consiste-t-il? C'est ce que nous allons rechercher en examinant

(1) Merlin, *Rép.*, v° Autorisation maritale; Proudhon et Valette, t. I, p. 469, note A; Marcadé, sur l'art. 219, n° 2; Demolombe, t. IV, n° 250; Aubry et Rau, t. V, § 172, texte et note 32.

d'abord le cas où c'est la femme elle-même qui sollicite cette autorisation, et ensuite le cas où c'est un tiers qui veut la faire autoriser par justice pour régulariser la procédure.

1° La femme est demanderesse. Si le mari est capable et présent, nous savons que c'est seulement à son défaut ou en cas de refus de sa part que la justice est appelée à autoriser la femme; aussi doit-elle, d'après l'art 861 du Code de procédure, le mettre en demeure d'accorder son autorisation en lui faisant une sommation. Il faut, de plus, que le mari puisse expliquer les motifs de son refus, car c'est seulement si ce refus est injuste que le tribunal doit accorder son autorisation. A cet effet, le même article enjoint à la femme de présenter une requête au président du tribunal qui rend une ordonnance portant permission de citer le mari à jour indiqué en la Chambre du conseil. La sommation faite par la femme à son mari, et la requête qu'elle adresse au président, doivent contenir l'exposé très-sommaire de l'affaire dont il s'agit et des motifs pour lesquels elle demande l'autorisation. Les magistrats décideront quel délai il est convenable d'accorder au mari entre la requête et la sommation.

Mais le mari peut être absent ou incapable, et, par conséquent, il peut être impossible de lui adresser une sommation.

S'il est absent, la femme présentera également une requête au président du tribunal, qui ordonnera la communication au ministère public et commettra un juge pour faire son rapport à jour indiqué (art. 863, C. de pro.). La femme devra, dans ce cas, joindre à sa requête le jugement déclaratif d'absence, ou, à son défaut celui qui aurait ordonné l'enquête, ou s'il n'y a point eu encore de jugement, un acte de notoriété (art. 864, C. de pro.).

S'il est interdit, la femme procédera conformément à l'art. 863 et joindra à sa requête le jugement d'interdiction (art. 864, C. de pro.).

S'il est pourvu d'un conseil judiciaire, elle joindra à sa requête le jugement qui a nommé ce conseil, ou le certificat constatant son entrée dans un établissement d'aliénés.

S'il est frappé d'une condamnation emportant peine afflictive ou infamante, le Code de procédure n'indique pas quelle marche il faut suivre; mais il est évident qu'il faut agir comme dans les cas que nous venons de voir. La femme n'aura pas de sommation à faire (art. 221), elle devra seulement joindre à la requête l'arrêt de condamnation.

Si le mari est mineur, la question est plus difficile; et ici le silence des textes est complet. La sommation ayant pour but de constater le refus du mari, et le mari mineur ne pouvant ni accor-

der ni refuser l'autorisation (art. 224), la somma
tion est inutile et même légalement impossible.
Sans doute le tribunal aura la faculté d'appeler
le mari mineur à s'expliquer devant le conseil, et
cela sera souvent convenable et utile ; mais la loi
ne l'exige pas, aussi n'irons-nous pas jusqu'à
dire, avec MM. Toullier et Fouquet, que le mari
mineur devra toujours être entendu (1).

C'est, dans tous les cas, au tribunal de première instance de l'arrondissement du domicile
commun que la femme doit demander l'autorisation. Mais si les époux sont séparés de corps, la
femme peut avoir, d'après l'opinion la plus généralement admise, un domicile distinct de celui
du mari ; ce sera alors le tribunal du domicile du
mari qui sera compétent. Cette solution est certaine pour les cas où la justice autorise sans entendre le mari (art. 221, 222), et très-raison-
nable pour les cas où le mari doit au préalable
être entendu (2).

« Le mari entendu, ou faute par lui de se présenter, il sera rendu, sur les conclusions du ministère public, jugement qui statuera sur la demande de la femme » (art. 862, C. de pro.).

La procédure en autorisation est une procé-

---

(1) Demolombe, t. IV, n° 253 ; Marcadé, sur l'art. 219 ; Aubry
et Rau, t. V, § 472, texte et note 44. — *Contra* Toullier, t. II,
n° 563, et Fouquet, *Encyclop. du droit*, n° 73.
(2) Valette, *Explic. somm. du livre 1er du Code civil*, p. 122.

dure tout exceptionnelle. Nous avons vu que l'audition des parties a lieu dans la chambre du conseil; la publicité de l'audience pourrait, en effet, présenter de graves inconvénients. Nous irons plus loin et nous dirons que pour ce motif tout doit se passer dans la chambre du conseil : plaidoiries des avocats s'il y en a, rapport du juge-commis, conclusions du ministère public, et enfin jugement. Ces solutions, surtout celle qui consiste à dire que le jugement lui-même doit être rendu dans la chambre du conseil, sont très-vivement combattues; mais elles nous semblent résulter forcément de l'art. 861 et des paroles prononcées par M. Berlier dans l'exposé des motifs (1).

Nous tirerons de là cette conséquence que le ministère des avoués n'est pas obligatoire; mais les époux pourront, s'ils le veulent, se faire assister, dans la chambre du conseil, d'un avoué ou d'un avocat; aucun texte n'autorise à le leur défendre.

Le tribunal peut dans son jugement accorder ou refuser l'autorisation, non-seulement lorsqu'il s'agit pour la femme de passer un acte, mais en-

<hr>

(1) Loeré, *Lég. civ.*, t. XXII, p. 152; Merlin, *Rép.*, t. XVI, v° Autorisation maritale; Carré et Chauveau, 2923; Demolombe, t. IV, n° 236. — Riom, 29 janvier 1829; Bordeaux, 27 janvier 1831. — *Contra* Marcadé, sur l'art. 219, n° 2; de Belleyme, *Ordon. de réf.*, t. 1, p. 327; Berriat-Saint-Prix, t. II, p, 667; Nîmes, 9 janvier 1828; Req. rej., 10 février 1831; Orléans, 9 mai 1849, C. cass., 5 juin 1850.

core lorsqu'elle veut ester en jugement comme demanderesse (art. 222).

La justice peut en accordant l'autorisation la soumettre à certaines conditions. En effet, la justice, appelée à compléter la capacité de la femme, doit statuer en connaissance de cause. elle doit apprécier l'acte dont il s'agit, ses caractères, ses conditions, elle peut donc ne l'autoriser qu'en indiquant les clauses sous lesquelles seulement il lui paraît mériter son autorisation. Ce droit appartiendrait au mari, et comme la justice le remplace, il doit aussi lui appartenir (1).

Les parties peuvent appeler du jugement, soit qu'il accorde, soit qu'il refuse l'autorisation. On devra, d'après nous, suivre en appel les mêmes formes qu'en première instance. La femme qui voudra agir devant une cour d'appel, devra s'adresser à cette cour pour obtenir l'autorisation (2). Il semblerait même juste de dire que l'autorisation nécessaire à la femme pour se pourvoir en cassation devra être demandée à la Cour de cassation (3). Cependant un arrêt de cette cour a décidé que. dans ce cas, l'autorisation est valablement donnée à la femme par le tribunal du domicile du mari.

La femme qui veut agir contre son mari lui-

(1) Demolombe, t. IV, n° 258.
(2) Carré, 2910; Demolombe, t. IV, n° 261; Req. rej, 2 août 1853.
(3) Demolombe, t. IV, n° 263. — *Contra* Cass., 27 mai 1846.

même doit procéder de la même manière et remplir les conditions exigées par les art. 861 et suivants du Code de procédure. Car, l'autorisation lui est certainement nécessaire, et si cela est, elle ne peut être accordée que suivant les formes prescrites à cet effet par la loi.

2° La femme est défenderesse : les art. 861 et suivants du Code de procédure supposent toujours que c'est la femme elle-même qui demande à se faire autoriser à la poursuite de ses droits ; ils ne peuvent trouver leur application lorsque la femme est défenderesse. Car, dans ce cas, ainsi que le disait M. Berlier, dans l'exposé des motifs (1), l'autorisation n'est presque qu'une simple formalité que la justice supplée quand le mari la refuse. On comprend, en effet, que l'action du demandeur ne puisse être subordonnée à la volonté du mari ni paralysée par elle.

Le tiers qui assigne la femme, assigne également le mari à l'effet de l'autoriser. Il n'est besoin ni de sommation, ni de requête, ni d'instance spéciale à l'autorisation ; c'est devant le tribunal où la femme est appelée à comparaître que le mari est aussi appelé pour l'autoriser.

Si le mari assigné conjointement avec la femme à l'effet de l'autoriser refuse son autorisation ou fait défaut, le tribunal accorde l'autorisation sur

(1) Locré, *Lég.*, t. XXIII, p. 151, n° 12.

les conclusions du demandeur, en même temps qu'il statue sur la demande principale (1).

§ III. — *Des conditions requises pour la validité de l'autorisation de justice et du moment où elle doit être donnée.*

L'autorisation de justice, comme celle du mari, doit être spéciale, elle doit être donnée en connaissance de cause pour tel acte ou pour tel procès déterminé (art. 222). Il faut donc appliquer ici toutes les règles indiquées au paragraphe 1er de la section 1re de notre chapitre.

L'autorisation du mari peut être expresse ou tacite, en est-il de même de l'autorisation de justice? La question n'offre pas de difficulté, quand il s'agit d'habiliter la femme, soit à passer un acte, soit à plaider comme demanderesse; il est certain qu'alors l'autorisation doit nécessairement être expresse. Mais, quelques auteurs soutiennent et la Cour de cassation a décidé que l'autorisation pour la femme d'ester en jugement comme défenderesse peut résulter de ce que, par exemple, le tribunal l'a laissée plaider, a instruit l'affaire et prononcé le jugement sans la relever

(1) Merlin, *Répert., addition*, v° Autorisation maritale; Carré et Chauveau, n° 2911; Demolombe, t. IV, n°s 265-269. — Cass., 29 mars 1808, 7 octobre 1811, 25 mars 1812; Orléans, 5 mars 1849; Req. rej., 10 mars 1858.

formellement de son incapacité (1). Cette conclusion nous paraît contraire au texte de la loi qui a
voulu que l'attention de la justice fût spécialement
appelée sur ce point ; le demandeur doit prendre
des conclusions tendant à ce que le tribunal accorde l'autorisation si le mari la refuse ou fait
défaut, et les juges doivent prononcer sur ce chef
de la demande comme sur tous les autres (2).

Enfin, l'autorisation de justice doit, comme celle
du mari, être antérieure ou concomitante à l'acte
au sujet duquel elle intervient ; elle ne peut être
donnée après coup. M. Demolombe a proposé un
autre système, sans toutefois l'admettre résolû-
ment. Malgré les raisons graves apportées par le
savant jurisconsulte à l'appui de son opinion,
nous ne croyons pas que l'autorisation de justice
puisse être postérieure à l'acte passé par la femme.
Permettre à la femme de ratifier l'acte qu'elle a
fait sans autorisation, ce serait enlever au mari
son action en nullité. Or, il est de principe que la
ratification ne peut avoir lieu au préjudice du
droit des tiers (art. 1338), et le mari est bien un
tiers quant à l'action en nullité qui lui appartient. La loi qui commande à la femme de con-
sulter son mari, ou, à son défaut seulement, la
justice, ne doit pas approu..er elle-même les actes

(1) Req. rej., 21 février 1853.
(2) Cass., 5 août 1840; Duranton, t. II, n° 466; Demolombe,
t. IV, n° 268.

faits sans aucune autorisation ; ce serait encoura-
ger ce qu'on a voulu défendre et désarmer complétement l'autorité maritale. Si le mari refuse à
tort son autorisation, la loi ne laisse pas la femme
victime d'un abus aussi intolérable : elle peut
s'adresser à la justice, mais avant et non après (1).

SECTION III.

DE LA RÉVOCATION DE L'AUTORISATION.

Le mari qui a autorisé sa femme a certainement le droit de révoquer l'autorisation qu'il a
donnée.

On admet généralement un tempérament à ce
droit pour le mari ; et on décide que la femme
peut s'adresser à la justice pour faire déclarer cette
révocation injuste et mal fondée, de la même manière qu'elle peut le faire en cas de refus. Si la
révocation peut, en fait, causer quelque préjudice
à la femme, si elle est intempestive, le tribunal appréciera d'après les circonstances, et pourra accorder à la femme un délai pour terminer les
opérations qu'elle avait commencées (arg. des
art. 1869 et 1870). Rappelons que nous avons
admis plus haut ce tempérament pour le cas où

(1) Demolombe, t. IV, n⁰ˢ 272 et 273. — Toulouse, 18 août 1817;
Cass., 15 juin 1842.

le mari retirerait à sa femme l'autorisation de
faire le commerce. Mais, l'autorisation peut-elle
être révoquée, si elle a été donnée dans le contrat de mariage lui-même ? La raison de douter
vient du caractère d'immutabilité qui s'attache
aux conventions matrimoniales (article 1395).
Les art. 223 et 1538 déclarent valable l'autorisation accordée à la femme par contrat de mariage d'administrer elle-même tout ou partie de
ses biens. Une telle autorisation revêt le caractère
d'une convention matrimoniale, aussi doit-on lui
appliquer la disposition de l'art. 1395, et la déclarer irrévocable. Mais, en dehors de cette hypothèse, toute autorisation doit être spéciale, et sera
révocable, quel qu'en soit le but et quelque situation qui soit faite aux époux, soit par la séparation de biens, soit par la séparation de corps. La
circonstance que l'autorisation se trouve contenue
dans le contrat de mariage est indifférente ; aux
termes de l'art. 1388, les époux ne peuvent déroger aux droits qui découlent de la puissance
maritale, parmi lesquels le droit d'autorisation
se trouve compris. La femme aura d'ailleurs,
comme dans les autres cas, le droit de recourir à
la justice (2).

(1) Locré, *Législ. civile*, t. XVII, p. 137; Demolombe, t. IV,
n° 323.

(2) Locré, *Législ. civ.*, t. XVII, p. 137; Toullier, t. XII, n° 237;
Demolombe, t. IV, n° 324.

Quant à l'autorisation de justice, le mari peut la révoquer aussi bien que celle qu'il a donnée lui même, au moins dans le cas où elle a été donnée à raison de son absence ou de son incapacité (1). Mais il n'est pas admis à révoquer lui-même l'autorisation donnée par la justice, sur son refus ; il devra, pour en arrêter l'effet et la faire rapporter, le cas échéant, s'adresser à la justice en suivant, d'après M. Demolombe, les formes indiquées par les art. 861 et suiv. du Code de procédure (2).

La révocation ne s'applique qu'à l'avenir, elle ne produit aucun effet rétroactif. Elle ne peut porter atteinte aux droits acquis à des tiers, soit avant la révocation, soit même après, lorsqu'ils n'en ont pas eu connaissance ; tous les actes qu'elle a passés avant la révocation devront donc être maintenus, ainsi que ceux qu'elle a passés depuis avec des tiers ignorant la révocation (3).

(1) Aubry et Rau, t. V, § 172, texte et note 88. — *Contra* Demolombe, t. IV, n° 325.

(2) Demolombe, t. IV, n° 325. — *Contra* Aubry et Rau, t. V, § 172, texte et note 89.

(3) Aubry et Rau, t. V, § 172, texte et note 90 ; Demolombe, t. IV, n° 325.

CHAPITRE IV.

EFFETS DE L'AUTORISATION.

—

SECTION I.

EFFETS DE L'AUTORISATION A L'ÉGARD DE LA FEMME.

L'effet de l'autorisation accordée à la femme, soit par le mari, soit par la justice, est de la rendre aussi capable que si elle n'était pas mariée, elle ne pourrait attaquer l'acte qu'elle a été autorisée à passer, en soutenant que l'autorisation lui a été accordée contrairement à ses intérêts. En effet, l'autorisation elle-même n'entraîne de la part du mari aucune garantie; on ne peut le rendre responsable d'une autorisation mal à propos accordée, si elle l'a été de bonne foi. Une autre conséquence de ce principe, que la femme autorisée ne se trouve ni plus ni moins capable que si elle n'était pas mariée, c'est qu'elle pourra, nonobstant l'autorisation, attaquer l'acte juridique qu'elle a consenti par tous les moyens qu'elle pourrait faire valoir contre cet acte, si elle n'était pas mariée.

Un point fort important est celui de savoir à quels actes juridiques l'autorisation s'applique, quelles en sont l'étendue et les conséquences, et enfin quelle capacité elle confère à la femme. Nous allons étudier cette question sur laquelle il existe encore de nombreuses incertitudes et certaines contradictions dans la doctrine et surtout dans la jurisprudence.

Nous savons déjà que l'autorisation doit être spéciale à peine de nullité; ce n'est donc qu'autant que l'autorisation est spéciale que la question peut se poser.

Le principe général en cette matière, c'est que l'étendue de l'autorisation accordée à la femme par le mari ou par la justice doit être appréciée d'après les termes de l'acte ou du jugement qui la renferme, ainsi que d'après les circonstances de fait et la nature de l'opération.

C'est ainsi que l'autorisation ne s'applique qu'à l'espèce d'acte juridique pour lequel elle a été accordée et sous les conditions auxquelles elle a soumis l'accomplissement de cet acte; l'autorisation de vendre n'emporte pas celle d'emprunter, et réciproquement l'autorisation d'emprunter n'entraîne point celle de vendre; au contraire, la cour de Poitiers a décidé avec raison que la femme autorisée pour le partage et la liquidation d'une succession est, par cela même, autorisée à intenter des actions pour obtenir la délivrance des objets compris dans son lot, ou à défendre aux actions intentées contre elle pour s'opposer à cette délivrance (1).

(1) Poitiers, 28 février 1831; Civ. rej., 20 juillet 1833; Civ. rej., 29 juin 1842; Civ. Cass., 21 janv. 1854.

L'application de ce principe ne présente guère de difficultés relativement à l'autorisation de contracter. Mais il n'en est pas de même de l'autorisation de plaider et de l'autorisation de faire le commerce ou même d'exercer une profession non commerciale. Ces deux points demandent une attention particulière ; aussi nous consacrerons à chacun d'eux un paragraphe spécial.

§ I. — *De l'autorisation d'ester en jugement.*

La femme autorisée à former une demande en justice est, par cela même, suffisamment autorisée à tenter la conciliation préalable à l'introduction de la demande. Qui veut la fin veut les moyens. Cela n'est douteux pour personne ; mais il existe une controverse sur le point de savoir si les causes des femmes mariées sont ou ne sont pas soumises au préliminaire de conciliation. L'examen de cette question nous entraînerait en dehors de notre sujet ; disons seulement que la pratique la plus constante admet l'affirmative (1).

Mais, à l'inverse, l'autorisation de tenter la conciliation comprend-elle l'autorisation de former la demande en justice ? M. Demolombe répond que oui, tout en reconnaissant qu'il serait plus sûr d'obtenir l'autorisation (2). Nous croyons,

(1) Carré, n° 207 ; Dalloz, *Rép.*, v° Conciliation, t. III, p. 719.
(2) Demolombe, t. IV, n° 291.

contrairement à cette opinion, qu'une nouvelle autorisation sera toujours indispensable, car la tentative de conciliation diffère profondément d'une instance proprement dite.

L'autorisation d'ester en jugement n'implique pas pour la femme l'autorisation de transiger. Toute transaction renferme en effet une aliénation ; la femme qui veut transiger se trouve sous le coup de l'art. 217, qui lui défend d'aliéner sans autorisation. Il lui faudrait de même une autorisation spéciale pour acquiescer ou se désister, car, par là, la femme aliène ses droits, bien ou mal fondés (1).

Nous venons de dire que l'autorisation d'ester en jugement n'emporte pas pour la femme l'autorisation de transiger : il s'ensuit qu'elle ne peut déférer à son adversaire le serment décisoire ; car, par là, elle lui offre une espèce de transaction. Nous dirons même, bien que cette opinion ne soit pas admise par tout le monde, que la femme mariée ne peut pas, en vertu de la seule autorisation qui lui a été donnée d'ester en jugement, prêter le serment décisoire que son adversaire lui a déféré. En effet, la femme à laquelle ce serment est déféré doit pouvoir soit le prêter, soit le refuser, soit le référer ; or, la femme qui n'aurait pas été autorisée à cet effet,

(1) Demolombe, t. IV, n°° 280 et 281 ; Cass., 15 juillet 1807 et 3 mai 1809. — *Contra* Aubry et Rau, t. V, § 472, texte et note 77.

ne pourrait pas référer le serment à son adversaire; il faut donc qu'elle soit autorisée pour que son adversaire lui défère utilement le serment décisoire (1).

Il en est tout autrement du serment supplétoire : la femme peut le prêter, sans autorisation nouvelle, si le juge le lui défère C'est un véritable moyen de preuve, et d'ailleurs il ne dessaisit nullement la justice.

La femme autorisée à plaider est autorisée à courir toutes les chances du procès et, par suite, elle peut faire un aveu judiciaire en réponse à une question du juge, sans autorisation nouvelle et spéciale, et cet aveu fera foi contre elle, aux termes de l'art. 1356. En effet, cet aveu est un moyen de preuve. Mais un aveu judiciaire spontané ne serait pas opposable à la femme, s'il avait eu lieu sans autorisation spéciale (2).

L'autorisation de former une demande en licitation, ou d'y défendre, emporte celle de provoquer une surenchère, sans cela il serait peut-être impossible d'arriver à une adjudication définitive (3).

La femme à laquelle a été donnée l'autorisation de plaider est encore censée avoir reçu celle de faire exécuter le jugement rendu à son profit; car

---

(1) Demolombe, t. IV, n°° 282 et 243; Angers, 28 janvier 1823.
(2) Demolombe, t. IV, n° 284; Civ. rej., 22 avril 1821.
(3) Cassation, 20 juillet 1835.

le but final d'un procès est l'obtention d'un jugement suivi d'exécution. Ainsi, la femme autorisée à demander la séparation de biens est virtuellement autorisée à poursuivre l'exécution du jugement qui la prononce; elle peut donc poursuivre le remboursement de sa dot et la liquidation de ses reprises, et même former une surenchère sur les biens vendus par le mari ou expropriés contre lui (1).

Reste un point difficile et sur lequel les opinions des jurisconsultes sont très-divisées. Il s'agit de savoir si l'autorisation d'ester en jugement comprend l'autorisation de suivre tous les degrés de juridiction et d'employer toutes les voies de recours relativement à l'affaire dans laquelle elle a été donnée.

Si l'autorisation est expressément limitée à tel ou tel degré de juridiction, ou si, à l'inverse, elle est expressément donnée pour suivre le procès dans toutes ses phases, il n'y a pas de difficulté; mais la question devient délicate si l'autorisation n'est, dans ses termes, ni restreinte au premier degré, ni étendue à toutes les phases du procès.

Plusieurs opinions ont été émises, plusieurs distinctions et sous-distinctions ont été proposées. Les uns soutiennent qu'il faut une autorisa-

(1) Merlin, Rép., v° Aut. marit.; Aubry et Rau, t. V, § 472, et notes 78, 79, 80, 81; Demolombe, t. IV, n° 292; Orléans, 25 mars 1831; Bourges, 23 février 1840; Cass., 29 mars 1853.

tion nouvelle pour chaque instance relative à la
même action; d'autres pensent que, si la femme a
perdu son procès en première instance, il lui faut
une autorisation nouvelle pour porter l'appel, mais
que si elle a gagné elle n'a pas besoin d'autorisation pour défendre à l'appel porté par son adversaire, et que celui-ci n'aura pas besoin de mettre
le mari en cause. Sans examiner ces deux systèmes
principaux, nous dirons simplement que, d'après
nous, la distinction ne doit pas porter sur la qualité de la femme, et que la même solution doit s'appliquer au cas où elle est demanderesse et au cas
où elle est défenderesse. Au contraire, nous distinguerons suivant que la femme veut faire valoir
ses droits par les moyens ordinaires que la loi
fournit aux plaideurs, ou qu'elle veut recourir à
des voies extraordinaires.

D'après nous, la femme n'aura pas besoin d'être
de nouveau autorisée pour faire (1) opposition à
un jugement ou à un arrêt rendu contre elle
par défaut, ou pour ester en appel (2); car,
l'opposition ne constitue pas une instance nouvelle, mais bien plutôt la même instance qui
se rouvre; quant à l'appel, ce n'est que la con-
tinuation devant une juridiction supérieure d'une

(1) Demolombe, t. IV, n° 237; Aubry et Rau, t. V, § 472, texte
et note 37.
(2) Demolombe, loc. cit.; Mourlon, Répét. écr., t. I, p. 394. —
Contra Aubry et Rau, t. V, § 472, texte et note 33.

affaire qui a déjà été jugée par un tribunal
d'un degré inférieur; ce sont les suites naturelles
et ordinaires de tout procès, et le mari a dû les
prévoir. D'ailleurs, cette solution ne présente pas
d'inconvénients, car le mari est libre de retirer
son autorisation. La femme ne pourra pas au
contraire, sans une autorisation nouvelle, recourir
à des voies extraordinaires que le mari pouvait
très-bien ne pas avoir en vue, lorsqu'il a accordé
l'autorisation de plaider; c'est ainsi qu'une nouvelle autorisation est indispensable pour le pourvoi en cassation (1), la tierce-opposition, la requête civile et la prise à partie (2); car ces voies
de recours constituent bien une affaire nouvelle;
le procès qui a subi et épuisé les deux degrés de
juridiction est réellement terminé.

Tout ce que nous venons de dire s'applique à
la femme autorisée par son mari; en serait-il de
même si l'autorisation lui était accordée par la
justice?

Il faut répondre à cette question par une distinction. Si le juge qui a autorisé la femme ne
l'a fait qu'incidemment à l'instance dont il était
saisi, l'effet n'en saurait être étendu au delà de
cette instance elle-même (3). Si, au contraire,
l'autorisation a été accordée par la justice sur une

(1) Aubry et Rau, t. V, § 472, note 84. — *Contra* Demolombe,
loc. cit.

(2) Demolombe, *loc. cit.*

(3) Cass , 5 août 1840 et 4 mars 1815.

instance principale introduite à l'effet d'habiliter
la femme, à former une demande ou à y défendre,
cette autorisation doit recevoir la même étendue
d'interprétation que si elle avait été donnée par
le mari (1).

§ II. — *De l'autorisation de faire le commerce ou d'exercer une profession non commerciale.*

L'autorisation pour la femme de faire le commerce doit être très-largement interprétée. Il
ressort, en effet, des art. 220 du Code civil, 5 et 7
du Code de commerce, que la femme marchande
publique peut, en vertu de l'autorisation qu'elle a
reçue, s'obliger, aliéner, hypothéquer, et généralement faire tous les actes relatifs à son commerce; mais elle ne peut, d'après l'article 215,
ester en justice sans une autorisation spéciale.

Ainsi la femme peut faire non-seulement des
actes commerciaux, mais encore des actes non
commerciaux, pourvu que ces actes concernent son
négoce (art. 220, C. civ. et 5, C. de co.). Elle peut
donc faire des travaux d'appropriation, d'entretien, de réparation et même d'embellissements;
quant à des constructions nouvelles, c'est une
question de fait, et on ne peut répondre d'une

(1) Demolombe, t. IV, n° 140.

façon absolue (1). On comprend d'ailleurs facilement que l'intérêt du commerce ait décidé le législateur à donner dans ce cas une grande étendue à la capacité de la femme ; la célérité des opérations commerciales s'opposait à ce qu'elle pût être obligée de recourir à l'autorisation de son mari pour chaque acte qu'elle voudrait faire. Cependant, il ne faudrait pas aller trop loin dans ce sens, et nous n'admettrons pas que la femme pût, en vertu de l'autorisation générale qui lui a été donnée de faire le commerce, contracter une société commerciale avec un tiers. Nous ne parlons pas ici d'une simple opération faite en commun, d'une association purement accidentelle et passagère, mais d'un véritable contrat de société. Le mari peut avoir autorisé sa femme à faire le commerce parce qu'il a confiance dans sa capacité et dans sa prudence, mais on ne peut nier qu'il ait un grand intérêt à savoir comment, pour combien de temps, et avec qui elle a fait un contrat de société. On reconnaît généralement que la femme ne peut cautionner une dette civile sans une autorisation spéciale ; nous pensons que la solution doit être la même si la dette est commerciale, car le cautionnement que la femme souscrit dans l'intérêt d'un tiers, lors même que ce tiers serait marchand, associé d'intérêt avec elle, ou même

(1) Demolombe, t. IV, n°° 293 et 294.

son débiteur, n'est pas relatif à son négoce et pour cette raison il excède sa capacité (1).

La femme, pouvant disposer de tout ce qui est relatif à son négoce, peut par conséquent transiger sur les affaires et les droits qui le concernent. Mais nous ne croyons pas qu'elle puisse compromettre, car le compromis est une sorte de procès et la femme ne peut sans autorisation ester en jugement, même quand elle est marchande publique (art. 215).

La femme autorisée à faire le commerce peut faire sans autorisation nouvelle tous les actes qui concernent son négoce ; mais elle reste incapable, quant aux actes qui n'ont pas ce caractère. La question de savoir si les actes faits par la femme sans autorisation spéciale sont ou ne sont pas valables, dépend donc de celle-ci : ces actes concernent-ils son négoce ou y sont-ils étrangers? La nécessité de cette distinction a fait naître une difficulté, et on se demande si les actes passés par une marchande publique, lorsque leur nature n'indique point par elle-même dans quel but ils ont été faits, ou lorsqu'ils ne renferment pas la déclaration faite par la femme elle-même que l'acte est relatif à son négoce, doivent être réputés relatifs ou étrangers à son commerce. En

(1) Demolombe, t. IV, nᵒˢ 297-299 ; Pardessus, t. 1, nᵒˢ 62, 66 et 71. — *Contra* Massé, *Droit commerc.*, t. III, nᵒˢ 83 et 173 ; Merlin, *Rép.*, t. I, vᵒ Aut. marit., sect. VII, nᵒ 6.

d'autres termes, est-ce à la femme à prouver que l'acte fait par elle n'est pas relatif à son commerce, ou au contraire est-ce au créancier à prouver qu'il y est relatif?

Les auteurs sont très-divisés sur cette question; il est assez difficile de prendre parti entre les opinions soutenues, car dans le silence de la loi des considérations tout opposées se pressent pour solliciter des solutions différentes. Quoi qu'il en soit, nous croyons qu'il faut décider que tous les actes faits par une femme marchande publique sont, jusqu'à preuve contraire, réputés étrangers à son commerce, toutes les fois que leur propre nature ne révèle point nécessairement leur caractère commercial. Les raisons qui nous décident à adopter cette solution sont les suivantes:

La femme mariée, quoique marchande publique, est en principe incapable. Sa capacité n'existe que relativement à certains actes, elle forme donc l'exception. Or, la femme qui demande la nullité d'un acte qu'elle a fait sans autorisation spéciale, en se fondant sur son incapacité, se trouve dans le droit commun, elle n'a donc aucune preuve à faire. Son adversaire, au contraire, en soutenant qu'elle était capable de faire l'acte dont elle demande la nullité, invoque une exception; c'est donc à lui d'en faire la preuve. Pour qu'il en fût autrement, il faudrait

que la loi eût établi une présomption en sa faveur;
or, cela ne se trouve dans aucun texte; au contraire, la loi déclare qu'elle ne peut s'obliger que
pour ce qui concerne son négoce (art. 220, C. civ.
et 5, C. de com.) ou pour le fait de son commerce
(art. 1426).

Les adversaires de notre système opposent l'article 638 du Code de commerce, aux termes duquel « les billets souscrits par un commerçant
seront censés faits pour son commerce. » A cela
nous répondrons que cette présomption, même en
la supposant applicable à notre hypothèse, ne
concernerait que les billets. Nous allons plus loin
et nous disons qu'elle n'est pas applicable à la
femme mariée; car les présomptions légales sont
de droit étroit et ne peuvent s'étendre d'un cas à
un autre; or, la présomption de l'art. 638 a pour
but de résoudre une question de compétence,
ainsi que le prouve la rubrique du titre sous lequel il est placé; dans notre espèce, au contraire,
il s'agit d'une question de validité d'obligation;
donc la présomption de commercialité écrite dans
l'art. 632 du Code de commerce ne lui est pas
applicable (1).

En résumé, d'après notre système, lorsque la
femme demande la nullité d'un acte, c'est à son

<hr>

(1) Bravard, sur l'art 5 du C. de com.

adversaire à prouver que cet acte se rapporte à son négoce (1).

Nous avons dit plus haut (2) que l'autorisation de faire le commerce constituait une exception au principe de la spécialité, car elle peut être générale. Cependant, il ne faut pas pousser trop loin cette exception. Sans doute, on peut supposer que la femme en vertu de l'autorisation qu'elle a reçue fait çà et là des actes de commerce de toute sorte, et dans ce cas il est vrai de dire que l'autorisation peut être générale ; mais si la femme se livrait publiquement à une branche spéciale de commerce et à celle-là seulement, et c'est ce qui en fait arrive le plus souvent, cette branche de commerce constituerait le seul négoce pour lequel elle pût s'obliger ; par conséquent, l'autorisation recevrait de la sorte une application spéciale et une détermination précise (3).

La femme autorisée à exercer une profession non commerciale peut faire seule tous les actes relatifs à l'exercice de cette profession, mais ceux-là seulement. Ainsi une femme autorisée à donner des leçons de chant ou de piano peut évidem-

(1) Pardessus, *Droit comm.*, t. I, comp. n.ᵒˢ 62 et 71 ; G. Massé, *Droit comm.*, t. III, nᵒˢ 93 et 575; Mourlon, *Rép. écr.*, t. I, p. 409, note 1. — *Contra* Demolombe, t. IV, n° 301; Valette, *Explic. somm.*, p. 331; Demangeat sur Bravard, t. I, p. 100.

(2) Voir *supra*, p. 152.

(3) Demolombe, t. IV, n° 303; Massé, *Droit commerc.*, t. III, n° 168; Caen., 11 août 1828; Cass., 27 avril 1841.

ment en toucher le prix, donner un concert, même s'obliger, jusqu'à un certain point et selon les circonstances, comme intermédiaire entre les élèves et un marchand de musique. La Cour de cassation, dans un arrêt du 3 juillet 1857, lui a même permis d'organiser un concert sous forme de spectacle public. Cet arrêt a été justement critiqué, car c'est une interprétation beaucoup trop large de l'autorisation. L'acte dont il s'agit rendrait en effet la femme passible de la contrainte par corps; de plus, il y a une question de convenances et de moralité dont le mari seul doit être juge.

SECTION II.

EFFETS DE L'AUTORISATION A L'ÉGARD DU MARI.

En ce qui touche la femme, l'autorisation judiciaire supplée celle du mari, et en produit tous les effets avec la même étendue. Il en est différemment en ce qui touche le mari; l'effet de l'autorisation diffère suivant que c'est lui-même qui la donne ou qu'elle a été donnée par la justice.

1° *L'autorisation a été donnée par le mari :* En principe, le mari n'est point, à raison de l'autorisation qu'il a donnée, personnellement obligé envers les tiers avec lesquels la femme a contracté ou plaidé. Cependant, les conventions

matrimoniales peuvent apporter des modifica-
tions à cette règle. Il faut donc rechercher dans
quels cas, suivant les différents régimes, le mari
lui-même est ou n'est pas obligé par l'autorisation qu'il accorde. Comme l'examen de cette question ne rentre pas directement dans notre sujet,
nous ne traiterons pas en détail les différentes
difficultés qu'elle peut soulever, mais nous nous
contenterons d'indiquer les solutions qui nous paraissent convenir à chacune d'elles.

Les rédacteurs du Code n'ont formulé de dispositions positives sur ce sujet qu'en ce qui concerne le régime de la communauté. Le silence de
la loi, en ce qui concerne surtout le régime dotal
et le régime d'exclusion de communauté, rend la
question très-difficile. Passons rapidement en revue les effets de l'autorisation à l'égard du mari
sous les différents régimes matrimoniaux.

D'abord sous le régime de séparation de biens
tout le monde convient que le mari, ne profitant
pas des actes ou des procès que la femme a pu
passer ou soutenir avec son autorisation, n'est
tenu ni des charges ni des dépens qui en résultent.

Sous le régime de la communauté légale ou
conventionnelle, tout le monde reconnaît aussi
que le mari peut être tenu des obligations contractées par la femme qu'il a autorisée. L'article 220 contient une application de cette idée :

d'après cet article, le mari qui autorise sa femme à faire le commerce, l'autorise par là même à faire tous les actes relatifs à son négoce ; et les actes qu'elle fait obligent son mari s'il y a communauté entre eux. Rien n'est plus juste, car, les bénéfices que la femme peut faire tombant dans la communauté, il faut que les chances de perte ne restent pas exclusivement à la charge de la femme.

Ainsi, sur ce premier point, pas de difficulté ; le mari, sous le régime de la communauté, est tenu des obligations que la femme contracte avec son autorisation. Mais les auteurs se divisent sur le point de savoir si toutes les obligations de la femme produisent cet effet, ou si ce n'est pas plutôt un effet particulier à certaines obligations.

Nous croyons que le mari sera toujours tenu personnellement des obligations contractées par la femme avec son autorisation, excepté dans deux cas : lorsqu'il s'agit de l'acceptation d'une succession purement immobilière échue à la femme (art. 1413), ou de la vente d'un des immeubles propres à la femme qu'il a simplement autorisée sans s'obliger personnellement comme caution (arg. *a contrario* de l'art. 1432). En effet, dans le cas de l'art. 1413, il est évident que l'acte pour lequel le mari autorise sa femme n'intéresse effectivement que celle-ci ; de plus, il s'agit d'un quasi-contrat qui n'a pas mis la femme et le mari en rapport avec les tiers, qui ne peuvent dès lors alléguer qu'ils ont compté sur l'obligation personnelle du mari. Dans le cas de l'art. 1432, le tiers a pu, il est vrai, se trouver à certains égards en rapport avec le mari, et il y a par conséquent un motif de moins que dans l'art. 1413 pour soutenir notre opinion, mais il reste toujours ce motif très-suffisant, que l'acte lui-même avertissait évidemment les tiers qu'il ne s'agissait que des intérêts personnels de la femme (1).

Bien que, d'après notre système, le mari ne soit pas, dans ces deux cas exceptionnels (1413 et 1432), personnellement tenu de l'engagement que la femme a contracté avec son autorisation, il est cependant tenu, dans tous les cas, de supporter les effets de l'acte ou du procès par lui autorisés, aux dépens de la jouissance qui lui appartient sur les biens personnels de sa femme. Cela tient à ce que, en donnant son consentement sans aucune réserve, le mari fait présumer qu'il abandonne sa jouissance sur le bien aliéné, et aussi à ce qu'il est lui-même intéressé dans l'acte passé ou dans le procès soutenu par sa femme

(1) Demolombe, t. IV, n° 310; Aubry et Rau, t. V, § 172, texte et notes 93, 94, 95; Mourlon, *Répét. écr.*, t. III, p. 36. — Dans une autre opinion, tout en admettant que dans le cas de l'art 1413, le mari n'est pas tenu, on prétend qu'il le sera dans le cas de l'art. 1432. Car, l'argument *a contrario* ne porte que quand il faut sortir d'une exception pour rentrer dans le droit commun: or, tel n'est pas notre cas: puisque, d'après le droit commun, le mari doit toujours être tenu des obligations que la femme contracte avec son autorisation.

avec son autorisation en ce qui concerne sa jouissance sur les biens personnels de sa femme.
Aussi, cet effet est commun à tous les régimes
sous lesquels le mari a la jouissance des biens
personnels de sa femme (1).

Le mari qui est tenu des dettes contractées
par sa femme avec son consentement, en est tenu
absolument de la même manière que la femme,
pour la totalité. Mais avant la loi du 22 juillet 1867,
qui supprima la contrainte par corps en matière
civile et commerciale, le mari n'aurait pas été
soumis à la contrainte par corps, quand bien
même la femme y eût été soumise, car M. Tron-
chet a dit avec raison devant le conseil d'État :
« L'acte emportant contrainte par corps n'y
soumet que la personne qui le signe. »

Les obligations contractées par la femme en
vertu de l'autorisation de son mari obligeront-
elles celui-ci sous le régime dotal, comme sous
le régime de communauté?

Si la femme a des paraphernaux, et si avec
ces paraphernaux elle exerce le commerce ou une
industrie, il est incontestable que le mari, étant
étranger aux bénéfices, doit également être étranger aux pertes. Mais on peut supposer que la
femme s'est constitué en dot tous ses biens présents et à venir, que faudra-t-il décider dans ce

(1) Demolombe, t. IV, n° 311; Aubry et Rau, t. V, § 472,
note 95.

cas, le mari qui a autorisé sa femme à exercer un commerce, une industrie quelconque, sera-t-i tenu des engagements contractés par elle?

On a soutenu que le mari étant, en vertu de la constitution de dot, usufruitier de tous les biens de la femme, devait par là même recueillir tous les gains qu'elle ferait dans son commerce, et qu'en conséquence il était tenu définitivement envers les créanciers de la totalité des engagements contractés par la femme (1).

Nous ne croyons pas qu'il soit vrai de dire que l'industrie est un bien, et qu'on puisse soutenir, par conséquent, que les gains provenant à la femme de son industrie doivent être considérés comme des fruits et appartenir au mari en propriété ou même en jouissance. Dès lors, il nous est impossible d'admettre que le mari soit obligé par suite des engagements que sa femme contracte pour son commerce. Il faut s'en tenir au texte des articles 220 du Code civil et 5 Code de commerce, d'après lesquels la femme marchande publique n'oblige son mari que s'il y a communauté (2).

Si les époux sont mariés sous le régime d'exclusion de communauté, nous donnerons la même solution, au moins en ce qui concerne l'acquisition dé-

(1) Delvincourt, t. I, p. 76, note 5; Duranton, t. II, n° 440.
(2) Pardessus, *Droit comm.*, t. I, n° 68; Massé, t. III, n°° 145 et 372; Marcadé, t. II, sur l'art 220; Demolombe, t. IV, n° 315.

finitive et irrévocable des bénéfices résultant du commerce de la femme; mais nous n'en refuserons par la jouissance au mari, comme sous le régime dotal. Car, sous le régime exclusif de communauté, le mari a la jouissance des biens de sa femme; or, par l'autorisation qu'il a donnée, il a permis à sa femme d'engager la pleine propriété de ses biens, il peut donc, par suite, être atteint dans sa jouissance, et, sa jouissance pouvant être diminuée, il est juste qu'elle puisse aussi être augmentée. Il aura donc la jouissance du capital provenant à la femme des bénéfices de son commerce, au moment où elle cessera ce commerce (1).

2° *L'autorisation a été donnée par la justice :* Les effets que produit l'autorisation du mari ne sont pas attachés à l'autorisation de justice. En général, cette dernière ne peut être opposée au mari comme engendrant à son égard une obligation quelconque. Il n'y a même pas à distinguer si l'autorisation de justice a été donnée sur le refus ou par suite d'une incapacité du mari.

L'article 1427 contient deux exceptions à ce principe; nous croyons que les exceptions ne doivent pas être restreintes aux deux hypothèses

---

(1) Toullier, t. XIV, n° 23; Pardessus, t. I, n° 68; Valette sur Proudhon, t. I p. 460, 461, note A, III; Massé, t. III, n° 125; Demolombe, t. IV, n° 317.

qu'il énonce, et qu'en cas d'absence présumée ou déclarée du mari, la femme pourrait être autorisée par la justice à faire tous les actes que la nécessité réclame, et qu'elle obligerait de ce chef le mari et la communauté.

CHAPITRE V.

DU DÉFAUT D'AUTORISATION.

—

SECTION I.

QUELLES PERSONNES PEUVENT INVOQUER LA NULLITÉ RÉSULTANT DU DÉFAUT D'AUTORISATION.

La nullité résultant du défaut d'autorisation était autrefois absolue, proposable par tout le monde, même par ceux qui avaient contracté avec la femme ; elle n'admettait ni ratification, ni cautionnement (1).

Aujourd'hui cette nullité est simplement rela-

(1) Pothier, *Puiss. de mari*, nᵒˢ 5, 74, 78 ; Introd. au titre X de la cout. d'Orléans, nᵒ 141.

tive ; elle ne peut être proposée que par certaines personnes. Cela résulte évidemment des art. 225 et 1125, qui s'expriment en ces termes :
Art. 225. « La nullité fondée sur l'autorisation ne peut être opposée que par la femme, par le mari ou par leurs héritiers. » Art. 1125. « Le mineur, l'interdit et la femme mariée ne peuvent attaquer, pour cause d'incapacité, leurs engagements que dans les cas prévus par la loi. « Les personnes capables de s'engager ne peuvent opposer l'incapacité du mineur, de l'interdit ou de la femme mariée avec qui elles ont contracté. » Il ne faudrait pas conclure des mots de l'art. 1125, « dans les cas prévus par la loi, » que la nullité n'existe qu'autant qu'un texte spécial la prononce ; le défaut d'autorisation seul suffit pour qu'on puisse l'invoquer.

Occupons-nous des personnes qui, d'après l'art. 225, peuvent opposer la nullité fondée sur le défaut d'autorisation.

La nullité peut être opposée par la femme. En effet, tout incapable peut se prévaloir de son incapacité contre les tiers ; c'est le droit commun et la sanction de toute incapacité. D'ailleurs, on comprend très-bien que cela s'applique à la femme mariée, car son incapacité est fondée à la fois sur le respect de la puissance maritale et sur la protection des intérêts matrimoniaux qui sont aussi les siens.

Le mari peut aussi invoquer la nullité qui nous occupe. Cela se comprend également; l'intérêt collectif du mariage exige que la femme ne puisse compromettre son patrimoine; et même, indépendamment de tout intérêt pécuniaire, la puissance maritale est intéressée à ce que le mari puisse maintenir et faire respecter son autorité.

Que les héritiers de la femme puissent l'invoquer, rien de plus simple, car c'est là une action comme une autre qu'ils trouvent dans le patrimoine de leur auteur.

On comprend moins facilement comment et à quel titre la loi a pu permettre aux héritiers du mari d'invoquer cette nullité; le mariage étant dissous, l'autorité maritale, pas plus que les intérêts matrimoniaux, ne sont en jeu. Quant à l'intérêt personnel et pécuniaire, il est bien difficile d'en trouver un exemple. Marcadé (1) cite, toutefois, le cas où la femme a renoncé à une succession mobilière qui devait tomber dans la communauté. Cet exemple ne nous paraît pas décisif, car on admet que le mari aurait pu lui-même accepter cette succession pour le compte de la communauté, et même, en ne l'admettant pas, il faut dire que le mari et, après lui, ses héritiers, exerceraient l'action en nullité comme ayant-cause

____

(1) Marcadé, sur l'art. 225, n° 4.

de la femme, et non pas en qualité d'héritiers du mari. Quoi qu'il en soit, le texte est formel et il ne faut pas hésiter à dire que les héritiers du mari pourront, comme ceux de la femme, exercer l'action en nullité s'ils y ont un intérêt pécuniaire (1).

Bien que l'art. 225 ne le dise pas, l'action en nullité peut être opposée par les créanciers de la femme et par ceux du mari. En effet, aux termes de l'art. 1166, les créanciers peuvent exercer tous les droits de leur débiteur. Cet article contient, il est vrai, une exception quant aux droits exclusivement attachés à la personne du débiteur; mais il est bien certain que l'action en nullité de la femme n'est pas exclusivement attachée à sa personne, et il en est de même de celle du mari, aussi doit-on dire qu'elle peut être exercée par leurs créanciers (2).

Au contraire, celui qui a cautionné l'obligation de la femme ne saurait en proposer la nullité. Les anciens auteurs (3), faisant, sur ce point, une

(1) Duranton, t. II, n° 513; Valette sur Proudh., t. I, p. 447, note A, et Explic. somm., p. 119; Demante, t. I, n° 308 bis, I; Demolombe, t. IV, n° 311; Aubry et Rau, t. V, texte et note 101.

(2) Merlin, Quest., r° Hypothèque, § 4, n° 5; Proudhon, De l'usufr., t. V, n° 2147; Marcadé, t. II, sur l'art. 225, n° 4; Demolombe, t. IV, n° 312; Aubry et Rau, t. V, § 472, texte et note 103; Cass., 10 mai 1853.

(3) Pothier, Des obligat., n° 396; Nouveau Denizart, r° Autoris., § 2, n° 15; Lebrun, De la commun., liv. II, ch. I, sect. V, n° 17. — Contrà Domat, Lois civ. des cautions, sect. I, n° 4.

extension abusive du sénatus-consulte Velléien, enseignaient la doctrine contraire; le véritable motif de cette décision était le caractère de nullité absolue de l'engagement contracté par la femme non autorisée. Aujourd'hui, nous le savons, la nullité est toute relative; et les art. 2012 et 2036 considèrent comme valable le cautionnement d'une obligation, « encore qu'elle pût être annulée par une exception purement personnelle à l'obligé (1). »

Une question depuis longtemps débattue, est celle de savoir si la nullité résultant du défaut d'autorisation peut être invoquée par le donateur à raison de la donation par lui faite et acceptée par la femme; en d'autres termes, si la donation est nulle d'une nullité relative en vertu de l'article 225, ou, au contraire, d'une nullité absolue, en vertu de l'art. 938, et proposable par le donateur lui-même.

Parmi les anciens auteurs, les uns tenaient pour absolument nulle toute donation entre-vifs faite à un incapable (2); d'autres distinguaient entre les femmes mariées et les mineurs, déclarant relative la nullité de l'acceptation faite par un mineur, et absolue la nullité de l'acceptation faite par une femme (3). D'autres enfin enseignaient

(1) Démolombe, t. IV, n° 313; Aubry et Rau, t. V, § 472, texte et note 106; Cass., 21 juillet 1819.

(2) Ricard, t. I, n° 846.

(3) Pothier, *Traité des obligat.*, n° 52; Introd. au titre V de la

que la femme mariée pouvait, sans autorisation,
accepter une donation pure et simple (1). D'ailleurs, les partisans de la nullité absolue décla-
raient eux-mêmes leur doctrine « peu conforme à
l'équité et à la raison qui semblent conduire au
parti contraire... (2). »

La doctrine et la jurisprudence sont encore
loin d'être d'accord sur cette question ; et la lutte
continue entre les partisans de la nullité absolue
et les partisans de la nullité relative.

Pour soutenir que la nullité résultant du défaut
d'autorisation est absolue, on dit que la donation
entre-vifs est un acte solennel qui n'existe que si
les formes requises par la loi ont été exactement
accomplies ; or, l'acceptation est une forme, car,
les art. 931-937 qui en déterminent le mode sont
placés sous la rubrique : *De la forme des donations
entre-vifs* ; et, d'après l'art. 934, elle ne peut être
faite par la femme mariée que si elle est autorisée ;
donc si ces conditions n'ont pas été remplies, si la
femme a accepté sans être autorisée, la donation
est nulle comme n'étant pas dûment acceptée. De
plus, l'art. 1338 montre que la donation ne peut
être ratifiée, et que si elle est nulle pour défaut
de formes on ne peut la confirmer, « nulle en
la forme, il faut qu'elle soit refaite en la forme

cout. d'Orléans, n° 111, au titre XV, n° 31 ; Nouveau Denizart,
v° Autor., § 2, n° 13.
  (1) Lebrun, *De la comm.*, liv. II, ch. I, sect. III, n° 3.
  (2) Bourjon, *Droit comm. de la France*, t. I, p. 570.

légale. » Il faut donc conclure avec le tribun Jaubert « que l'acceptation qui ne lierait pas le donataire ne saurait engager le donateur. »

Cette opinion n'est pas la nôtre; et nous trouvons que le raisonnement de ceux qui la soutiennent pèche par sa base. L'acceptation de la donation *par la femme autorisée* est, dit-on, une question de formes, voilà justement ce que nous ne pouvons admettre. L'acte notarié avec minute, l'acceptation expresse, sont bien des questions de formes, nous le reconnaissons et nous les supposons remplies, mais l'autorisation n'est qu'une question de capacité et non une question de formes; autre chose est une donation non acceptée, autre chose une donation acceptée par un incapable. Les art. 934 et 935 sont, il est vrai, placés sous la rubrique : *De la forme des donations entre-vifs;* mais on ne saurait en tirer argument, car, dans cette même section, le Code a déclaré quels biens la donation pourrait comprendre, à quelles conditions elle ne pourrait pas être faite ; c'est là aussi que se trouvent les articles relatifs à la stipulation du droit de retour ; ce ne sont pourtant pas là des questions de forme.

Nous croyons plus juste d'admettre que la nullité résultant du défaut d'autorisation n'est qu'une nullité relative, même en matière d'acceptation de donations entre-vifs.

Les textes nous paraissent décisifs en ce sens.

En effet, les art. 225 et 1125 disent bien que la nullité résultant du défaut d'autorisation est une nullité relative qui ne peut être opposée que par la femme, le mari et leurs héritiers. Ces articles posent une règle générale qui doit toujours être appliquée à moins d'un texte formel en sens contraire. Or, bien loin qu'aucun texte vienne apporter une exception à nos articles, ceux-ci sont, au contraire, confirmés par l'art. 217 et l'art. 934 : d'abord par l'art. 217 qui met l'acquisition à titre gratuit sur la même ligne que l'acquisition à titre onéreux : « La femme... ne peut... acquérir à titre *gratuit* ou *onéreux*, sans le concours du mari dans l'acte ou son consentement par écrit. » Or, l'art. 225 régit l'art. 217 tout entier ; donc la nullité n'est toujours que relative. Ensuite par l'article 934 qui prouve bien que le titre des donations n'a pas dérogé à la règle des art. 217 et suivants : « La femme mariée ne pourra accepter une donation sans le consentement de son mari, ou, en cas de refus du mari, sans autorisation de la justice, *conformément à ce qui est prescrit par les art. 217 et 219 au titre du mariage.* » Cet article ne veut donc rien modifier et conserve à la nullité le caractère relatif que lui donnent les art. 217 et suivants.

Il résulte, à notre avis, de ce que nous venons de dire, que ni les textes ni les principes généraux du Code civil sur la matière des donations n'autorisent au profit du donateur une exception à la règle posée par l'art. 223, que la nullité résultant du défaut d'autorisation est une nullité relative (1).

Si la femme a compromis sans être autorisée de son mari, il faudrait appliquer la même solution. On objecte que, d'après l'art. 1004 du Code de procédure, on ne peut compromettre sur aucune des contestations qui seraient sujettes à communication au ministère public, et que telles sont les causes des femmes non autorisées par leur mari (art. 83-6°, C. de pro.). Nous répondrons que sans doute le compromis consenti par une incapable est nul, mais qu'il est nul d'une nullité relative, car nous supposons une affaire susceptible de donner lieu à un compromis. Il n'est pas davantage exact de dire que le pouvoir de juger, même en vertu d'un compromis, est toujours une délégation de la puissance publique, qui ne peut s'exercer que dans les limites et sous les conditions tracées par la loi; car le compromis n'est qu'une simple convention, de même que les décisions arbitrales ne sont que des actes privés.

(1) Toullier, t. I, n° 641, et t. V, n° 193; Duranton, t. VIII, n° 433; Valette sur Proudhon, t. II, p. 479, note A; Marcadé, t. III, art. 935, n° 5; Demolombe, t. IV, n° 318; Mourlon, *Rép. écr.*, t. II, p. 397; Colmar. 13 décembre 1808; Douai, 6 août 1813; Nancy, 4 février 1839; Alger, 31 juillet 1854. — *Contra :* Merlin, *Répét.*, v° Donations; Delvincourt, t. II, p. 69 note 4; Proudhon, t. I. p. 473; Grenier, *Des donations*, t. I, n° 61; Troplong, *Des donat. et testam.*, n° 1118-1123; Bugnet sur Pothier, t. II, p. 30, note 6; Cass., 11 juin 1816 et 11 juillet 1836; Aix, 19 novembre 1857.

Il faut dire aussi que la nullité résultant du défaut d'autorisation ne peut être opposée par les tiers qui ont contracté avec la femme, pas plus que par ceux qui n'ont pas personnellement contracté avec elle. En effet, l'art. 225 est général et ne fait aucune distinction ; d'ailleurs, l'incapacité dont nous traitons n'a pas été établie dans leur intérêt. Ainsi, le tiers détenteur d'un immeuble hypothéqué par la femme, sans autorisation, ne serait pas admis, pour cette cause, à demander la nullité de l'hypothèque.

SECTION II.

EFFETS DU DÉFAUT D'AUTORISATION.

La conséquence du défaut d'autorisation, c'est la nullité des actes passés par la femme mariée ; nous avons dit, dans la section précédente, que cette nullité était relative, et nous avons vu quelles personnes pouvaient s'en prévaloir.

Si la femme mariée a trompé les tiers sur son état, en se présentant comme fille ou veuve, l'acte est nul, et le mari et la femme peuvent en demander la nullité ; car chacun doit s'assurer de la capacité de la personne avec laquelle il plaide ou contracte ; la simple déclaration de capacité, faite par un incapable, ne suffirait pas pour effacer la nullité de ses actes. Les tiers sont d'ailleurs en

faute de ne pas s'être renseignés sur la capacité
de la personne avec laquelle ils traitent, car les
registres de l'état civil sont publics, ils peuvent
y voir si la femme est ou n'est pas mariée, et, depuis la loi du 10 juillet 1850 (1), ils peuvent voir,
dans le cas où elle est mariée, si elle a fait ou si
elle n'a pas fait de contrat. Ils ont donc tous les
éléments suffisants pour savoir au juste si la
femme peut valablement faire, sans autorisation,
l'acte dont il s'agit, ou si, au contraire, l'autorisation lui est nécessaire.

Telle est la règle générale ; il y a cependant des
cas dans lesquels la nullité ne résulte pas du défaut d'autorisation ; nous allons les parcourir rapidement.

Si la femme avait employé des manœuvres frauduleuses pour induire en erreur le tiers avec lequel elle contracte, si, par exemple, elle avait produit un faux acte d'autorisation, ou un faux acte
de décès de son mari, nous ne l'admettrions pas
à pouvoir demander la nullité des actes passés
sans autorisation. « Son dol, dit M. Demolombe,
élève contre elle une fin de non-recevoir, et la réparation la plus exacte de ce dol est le maintien
de l'engagement lui-même (2). » Mais nous

(1) Voir infra, page 251.
(2) Demolombe, t. IV, n° 326 ; Duranton, t. II, n°° 462, 464,
495 ; Grenoble, 15 juin 1824 ; Aubry et Rau, t. V, § 472, 7° in
fine.

croyons que le mari sera admis à proposer la nullité, s'il est demeuré étranger aux manœuvres
frauduleuses de sa femme.

Il peut se faire que, sans que la femme ait employé de manœuvres frauduleuses, elle passe pour
fille ou veuve auprès de tout le monde, soit parce
qu'on croit faussement que son mari est mort,
soit parce que, habitant loin de son mari, on
ignore son mariage. Ce sera, d'après nous, une
question de fait ; et il n'est pas impossible que,
même dans ces circonstances, l'erreur commune
soit si accréditée que les tiers soient fondés à l'invoquer (1).

L'erreur des tiers serait encore excusable si le
mariage célébré en France n'avait pas été trans-
crit en France, conformément à l'art. 171, ou si
le mariage, bien que célébré en France, avait été
tenu secret par les époux, ou si encore les tiers
n'avaient connu ou pû connaître la révocation que
le mari aurait faite de son autorisation.

En dehors de ces hypothèses, le défaut d'autorisation emporte nullité des actes juridiques faits
par la femme. L'incapacité de la femme mariée
étant la règle, sa capacité l'exception, elle devra
prouver qu'elle avait l'autorisation de passer l'acte
dont on demande la nullité (2).

(1) Demolombe, t. IV, n° 332.
(2) Demolombe, t. IV, n° 336.

La nullité résultant du défaut d'autorisation peut être invoquée pendant toute la durée du mariage, et même pendant dix ans après sa dissolution, du moins en ce qui concerne la femme.

Nous examinerons ce point plus en détail dans la section suivante.

Nous avons dit que cette nullité était relative, qu'elle pouvait être invoquée par le mari, par la femme et par les héritiers, mais qu'elle ne pouvait l'être par les tiers ; nous avons dit que, si la position du tiers était désavantageuse, il était jusqu'à un certain point coupable de ne pas s'être renseigné plus soigneusement sur la capacité de son cocontractant. Est-ce à dire, toutefois, que le tiers qui a fait un contrat avec la femme doive désormais en accomplir toutes les obligations sans pouvoir prendre aucune garantie contre les chances dont il serait menacé par suite de cette incapacité ? Nous ne pensons pas qu'on puisse pousser jusque-là la faveur accordée à la femme à raison de son incapacité, et si nous supposons l'hypothèse d'une vente d'immeuble faite sans autorisation par une femme séparée de biens, le tiers pourra refuser de payer son prix si la femme ne se fait pas autoriser à le recevoir. La prétention du tiers est on ne peut plus juste, et il n'y a pas un seul texte à lui opposer. Il ne vient pas provoquer la nullité du contrat passé entre lui et la femme ; il se met tout simplement à sa disposition, et dans notre hypothèse il ne fait qu'invoquer la disposition de l'art. 1653. On ne peut forcer le tiers acheteur à faire un paiement qui ne sera pas bon, quand il sait fort bien que ce prix sera perdu pour lui. Il est bien entendu que, si la femme demandait l'exécution du contrat, après la dissolution du mariage, ou avec l'autorisation de son mari, elle ne pourrait lui être refusée, car la nullité serait par là même couverte et tout danger aurait disparu (1).

Ne faudrait-il pas aller plus loin, et dire que le tiers pourra interpeller la femme ou ses représentants, et les forcer à prendre parti et à choisir entre la nullité ou la validité du contrat? L'affirmative n'est pas douteuse dans le cas où, le contrat n'ayant pas été exécuté, le tiers en demande l'exécution contre la femme devenue veuve ou contre ses héritiers ; ils seront bien forcés de se prononcer.

Mais la question est plus difficile à résoudre, si le contrat a reçu son exécution. Qui ne voit l'intérêt que peut avoir le tiers à l'exercice d'un pareil droit? Comment, le tiers sait que le contrat fait par lui pourra être annulé d'un jour à l'autre, et il doit attendre 10 ans à partir de la dissolution du mariage pour savoir si la femme demandera la résolution? On se rend parfaitement

(1) Demolombe, t. IV, n° 315; Mourlon, *Répét. écr.*, t. I, p. 114, note 1.

compte des inconvénients d'une pareille incertitude ; et on serait tenté au premier abord de
permettre au tiers de demander à la femme ou à
ses représentants de se déclarer pour sortir de
l'incertitude où il est. Nous comprenons parfaitement tout ce qu'une pareille solution aurait d'é-
quitable, cependant nous ne pouvons l'admettre
en présence des textes. En effet, par là le tiers
mettrait la femme en demeure d'intenter immédiatement son action en nullité ou de ratifier. Or.
les tiers ne figurent pas parmi les personnes auxquelles l'art. 225 permet de demander la nullité
d'un acte fait sans autorisation ; quant à la validité de l'acte, pourquoi la demander puisqu'elle
existe? Ce serait faire trop bon marché de
l'art. 1304, qui veut que la femme ait dix ans, à
partir de la dissolution du mariage, pour intenter
son action en nullité, et qui ne permet pas le
moins du monde que le créancier puisse la priver
de ce délai (1).

Examinons maintenant les effets du défaut
d'autorisation en matière judiciaire. On admet
généralement aujourd'hui que, si la femme non
autorisée a assigné un tiers, celui-ci ne peut se
baser sur le défaut d'autorisation pour demander
la nullité des actes de procédure ou le rejet de
l'action (2).

(1) Contrà Demolombe, t. IV, n° 316 et 317.
(2) Demolombe, t. IV, n° 331 ; Cass., 22 octobre 1807, 21 no-

Mais cela ne veut pas dire qu'il soit tenu de lier l'instance avant que la femme ait obtenu l'autorisation. Il pourra à son choix appeler le mari en cause et le mettre en demeure d'autoriser sa femme, ou, au moyen d'une sorte d'exception dilatoire, repousser la femme et soutenir qu'elle est non recevable jusqu'à ce qu'elle se soit fait autoriser (1).

A l'inverse, les assignations données par des tiers à la femme seule ne sont pas nécessairement nulles, il suffit pour les valider d'une assignation donnée ultérieurement au mari ou d'une autorisation émanée de lui. Néanmoins une jurisprudence constante déclare nulles les assignations données à la femme, si le mari n'a pas été aussi assigné avant l'expiration du délai utile pour agir contre la femme elle-même (2). En pratique, le demandeur assigne presque toujours le mari lui-même conjointement avec sa femme et à l'effet de l'autoriser.

Les décisions judiciaires rendues contre la femme non autorisée ou à son profit ne peuvent être attaquées que par la femme ou par son mari. On ne pourra pas procéder par voie d'action principale en nullité, car il est de maxime que « voies

vembre 1832, 27 mai 1846, 15 décembre 1847. — Contra Delvincourt, t. I, p. 75, note 8.

(1) Merlin, Répt., v° Autoris. marit.

(2) Demolombe, t. IV, n° 332 : Cass., 7 octobre 1811, 7 août 1815, 15 mars 1837.

de nullité n'ont lieu en France contre les jugements; » il faudra avoir recours aux voies ordinaires de réformation des jugements, l'opposition,
l'appel, le pourvoi en cassation. Quant à savoir si
la requête civile est ouverte à la femme, c'est une
question douteuse; nous croyons comme M. Demolombe qu'elle le sera, car, en vertu de l'art. 480-
2° du Code de procédure, ce mode de recours
peut être employé « si les formes prescrites à peine
de nullité ont été violées. » Le mari pourra recourir à la tierce-opposition contre une décision
qui lui préjudicie, car il n'a été ni appelé, ni re-
présenté au procès.

SECTION III.

DE LA RATIFICATION.

Dans l'ancien droit français, la nullité résultant
du défaut d'autorisation ne pouvait se couvrir.
La ratification dont parlent quelquefois les anciens
auteurs n'avait pas d'effet rétroactif; c'était plutôt
un nouveau contrat qu'une véritable ratification.
D'après le Code civil, au contraire, la ratification
ou confirmation rend à l'obligation contractée
par la femme sans autorisation la même force
que si elle avait été valable dès l'origine; elle emporte, d'après l'art. 1338, 3° alinéa, renonciation

aux moyens et exceptions que l'on pourrait proposer.

La nullité résultant du défaut d'autorisation se couvre de deux manières : par la confirmation ou ratification expresse (art. 1338, al. 1er), et par la confirmation ou ratification tacite (articles 1304 et 1338, al. 2e).

La ratification expresse peut être faite soit pendant le mariage, soit après sa dissolution.

Pendant le mariage elle peut être consentie par les deux époux, et dans ce cas le vice résultant du défaut d'autorisation est complétement purgé; l'acte devient valable *erga omnes*. Toutefois, si la ratification était postérieure à la demande en annulation formée par les créanciers de l'un des époux, ou si elle avait eu lieu en fraude de leurs droits, elle ne leur serait pas opposable.

La ratification expresse peut aussi émaner de la femme seule valablement autorisée à cet effet. Si l'autorisation lui a été donnée par son mari, le résultat sera le même que dans l'hypothèse précédente. Mais si l'autorisation lui a été donnée par la justice, la ratification valable quant à la femme n'est pas opposable au mari.

Enfin, la ratification peut émaner du mari seul : dans ce cas, elle n'a d'effet qu'à son égard, elle ne peut être opposée à la femme dont l'action en nullité est distincte de celle du mari [1].

(1) Voir *supra*, p. 162.

Après la dissolution du mariage la ratification peut être donnée par la femme seule ou par ses héritiers, ainsi que par le mari et les héritiers de ce dernier. Dans tous les cas elle ne sera jamais opposable qu'à ceux de qui elle est émanée. Ce point n'est contesté par personne (1).

La ratification tacite peut résulter soit de l'exécution volontaire (art. 1338, al. 2), soit de l'expiration du délai de 10 ans (art. 1304).

L'exécution volontaire couvre cette nullité soit qu'elle émane de la femme, soit qu'elle émane du mari. Elle produit tous les effets de la ratification expresse, et il faut lui appliquer les mêmes distinctions.

L'expiration du délai de dix ans emporte extinction de l'action en nullité. L'art. 1304 porte que les dix ans courent « pour les actes passés par les femmes mariées non autorisées du jour de la dissolution du mariage. »

Ainsi, quant à la femme, l'art. 1304 est formel, la prescription est suspendue à son profit pendant le mariage. Mais en est-il de même en ce qui concerne le mari ? Nous ne voyons aucune raison décisive de suspendre la prescription au profit du mari pendant le mariage; il résulte au contraire, de l'esprit dans lequel est conçu l'article 1304, que l'action en nullité est seulement

____

(1) Aubry et Rau, t. V, § 472, texte et note 121.

suspendue contre la personne qui n'est pas libre d'agir, mais qu'elle commence à courir aussitôt que l'action peut être par elle librement exercée. Or, le mari est aussi libre d'agir pendant le mariage qu'après sa dissolution; donc la prescription doit courir contre lui du jour où il a connu le contrat fait par sa femme et sera éteinte s'il ne l'a pas exercée dans les dix ans à partir de ce jour. Cela ne nuira en rien à la femme, car son action en nullité est indépendante de celle de son mari, et peut parfaitement lui survivre (1).

Nous avons dit que, dans notre droit actuel, la ratification avait un effet rétroactif au jour de la passation du contrat, mais cette rétroactivité ne peut pas nuire aux droits des tiers. Les tiers dont il s'agit ici sont ceux à qui la femme aurait cédé expressément son action en nullité, ou consenti des droits réels incompatibles avec ceux qui résulteraient de l'acte ratifié. Mais il ne faudrait pas comprendre sous cette dénomination les créanciers chirographaires qui prétendraient exercer l'action en nullité aux termes de l'article 1166. La ratification qui est intervenue leur est opposable, à moins qu'ils ne soutiennent qu'elle est faite en fraude de leurs droits, cas auquel ils sont protégés par l'art. 1167 (2).

(1) Marcadé, sur l'art. 1304, n° 2; Mourlon, *Répét. écr.*, t. II, p. 767. — *Contra* Toullier, t. VII, n° 613; Valette sur Proudh., t. I, p. 437, note 6; Aubry et Rau, t. V, § 472, texte et note 124; Montpellier, 27 avril 1831.
(2) Req. rej., 17 août 1853; Req. rej., 8 mai 1854.

On admet généralement que la nullité qui résulte du défaut d'autorisation pour contracter ne peut pas être proposée pour la première fois devant la Cour de cassation, mais qu'il en est autrement de la nullité résultant du défaut d'autorisation pour ester en jugement (1).

Nous sommes obligés de nous borner à l'exposé de ces idées générales, sans entrer dans un examen complet et détaillé de cette matière qui suffirait à elle seule pour faire l'objet d'une étude longue et approfondie.

CHAPITRE VI.

INFLUENCE DES DIFFÉRENTS RÉGIMES MATRIMONIAUX SUR L'INCAPACITÉ DE LA FEMME MARIÉE.

Nous avons vu que l'art. 217 défend à la femme mariée non autorisée « de donner, aliéner, hypothéquer, acquérir à titre gratuit ou onéreux, » et nous avons étudié dans le chapitre III les différents actes que comprend cette prohibition. D'après les termes mêmes de l'art. 217, la défense qu'il contient peut sembler absolue, et le paragraphe 2 de l'art. 1449, qui permet à la femme de « disposer de son mobilier et de l'aliéner, » sem-

(1) Req. rej., 17 août 1853 et 4 août 1836; Cassat., 15 décembre 1817 et 18 août 1837.

ble en contradiction formelle avec lui ; car l'un de ces articles défend à la femme de faire sans autorisation certains actes que l'autre lui permet de faire seule. Pour expliquer le second paragraphe de l'art. 1449, il suffit de lire le premier, dont voici le texte : « La femme séparée de corps et de biens, soit de biens seulement, en reprend la libre administration. » Ainsi la femme seule et non autorisée peut bien, d'après l'art. 1449, faire certains actes, mais elle ne peut les faire que s'ils rentrent dans les bornes d'une libre administration. De plus, cette exception à la règle générale formulée dans l'art. 217 ne s'appliquera pas à toutes les femmes mariées sans distinction, mais seulement à celles qui ont le droit de faire des actes d'administration. C'est donc une question de régime matrimonial ; et il nous semble vrai de dire que l'incapacité de la femme mariée peut se trouver modifiée par suite du régime que les époux ont adopté.

Sous le régime de communauté, le mari a l'administration non seulement des biens de la communauté, mais encore des biens de la femme ; l'incapacité de cette dernière est donc absolue, et il ne peut être question pour elle d'actes d'administration.

Sous le régime sans communauté la situation de la femme est la même. La jouissance et l'administration de ses biens appartiennent au mari.

Il ne peut donc être question pour elle d'actes d'administration.

Il peut se faire que, sous ces deux régimes, la femme se soit réservé une partie de ses biens en jouissance et en administration; cette clause du contrat de mariage emporte pour elle le droit de passer, sans autorisation, tous les actes nécessaires à l'administration de ces biens, et l'art. 1449 trouve son application; mais, sauf ce cas exceptionnel, la femme mariée sous le régime de communauté ou le régime sans communauté est soumise à la règle de l'art. 217.

Sous le régime de séparation de biens judiciaire ou conventionnelle, au contraire, la femme a la libre administration de ses biens et peut, par conséquent, faire sans autorisation tous les actes relatifs à cette administration. Nous nous trouvons bien ici dans le cas de l'art. 1449. Il en est de même sous le régime dotal en ce qui concerne les biens paraphernaux (art. 1576). Quant à ces biens, la femme est dans la même situation et jouit des mêmes pouvoirs que si elle était mariée sous le régime de séparation de biens.

Ainsi, toutes les fois que la femme, par suite du régime sous lequel elle est mariée, ou par suite d'une clause de son contrat de mariage, a l'administration de tout ou partie de ses biens, elle peut faire sans autorisation tous les actes relatifs à cette administration.

Nous allons rechercher dans la première section de ce chapitre quels actes la femme séparée de biens peut faire sans autorisation, en remarquant que ce que nous dirons de la femme séparée de biens sera vrai aussi de la femme dotale, quant à ses paraphernaux, et de la femme mariée sous le régime de communauté ou le régime sans communauté pour les biens dont elle s'est réservé l'administration et la jouissance. Nous étudierons, dans la seconde section, la condition particulière de la femme dotale quant à ses biens dotaux.

SECTION I.

CONDITION DE LA FEMME SÉPARÉE DE BIENS.

L'art. 217 nous dit que « la femme même non commune ou *séparée de biens* ne peut donner, aliéner, hypothéquer... » et d'un autre côté, l'article 1449 déclare que « la femme séparée soit de corps et de biens, soit de biens seulement, en reprend la libre administration. Elle peut disposer de son mobilier. Elle ne peut aliéner ses immeubles sans le consentement du mari ou sans être autorisée par justice à son refus. » Nous avons déjà indiqué, en commençant ce chapitre, que, de

la combinaison de ces deux articles contradic-
toires en apparence, découlait ce principe que :
la femme séparée de biens peut valablement faire,
sans autorisation de son mari, tout acte qui rentre dans les limites d'une libre administration.

La question de savoir si tel ou tel acte fait par
la femme séparée de biens est valable revient
donc à celle-ci : l'acte fait par la femme sans autorisation est-il un acte d'administration?

Réduite à ces termes, la question peut sembler
très-simple au premier abord; il n'en est rien,
cependant, car la grande difficulté consiste précisément à savoir ce que c'est qu'administrer, et
quand on peut dire d'un acte que c'est un acte
d'administration.

Le Code civil ne contient pas de règle à ce
sujet; l'énumération des actes d'administration
n'existe pas dans la loi : tout est relatif en cette
matière; c'e t ainsi que l'art. 481 parle des
actes de *pure* administration; 1449, des actes
de *libre* administration, et 1536 parle de
l'*entière* administration. Le législateur n'ayant
dit nulle part quelle différence existait entre ces
divers actes, c'est sur l'esprit de la loi qu'on doit
se guider pour résoudre les questions qui peuvent
se présenter. D'ailleurs, la plupart du temps ce
sera une question de fait, et il faudra, avant de
rien décider, examiner avec soin les circonstances
dans lesquelles l'acte a été fait, la personne avec

laquelle la femme a contracté, ainsi que la fortune de la femme. En effet, tel acte qui, pour une femme d'une fortune modique, constitue un acte de disposition, peut, au contraire, rentrer dans les limites d'un acte d'administration s'il est fait par une femme jouissant d'une fortune plus considérable.

Pour nous résumer, nous croyons qu'il est difficile, pour ne pas dire impossible, de tracer une règle invariable quant aux actes que la femme séparée de biens peut faire seule; et qu'il faut, avant tout, examiner les circonstances de fait qui ont accompagné chaque hypothèse.

Il y a cependant certains actes que la femme peut faire seule et pour lesquels aucun doute n'est possible.

Elle peut incontestablement, en vertu de son droit de libre administration :

Toucher ses revenus, recevoir ses capitaux, en poursuivre le remboursement et même consentir la mainlevée d'une inscription hypothécaire;

Payer ses dettes, lors même que l'objet en serait immobilier ;

Placer ses capitaux, et à plus forte raison ses revenus, de toute manière qu'elle jugera à propos, à condition que ce placement ne dépasse pas les limites de l'administration.

En conséquence, la femme pourra acquérir des meubles et même des immeubles à titre de placement de fonds actuellement disponibles. A vrai dire, les textes des art. 217 et 1449 semblent s'opposer à ce qu'on puisse permettre à la femme d'acquérir à titre onéreux des meubles ou des immeubles sans être autorisée. En effet, d'après l'art. 217, la femme, même séparée de biens, ne peut acquérir à titre gratuit ou onéreux sans être autorisée; et l'art. 1449, qui contient les exceptions à l'art. 217, ne dit pas un mot de la faculté d'acquérir. Il semble donc que, sur ce point, l'art. 217 conserve toute sa force et qu'en conséquence la femme ne peut acquérir à titre onéreux sans autorisation. A notre avis, une telle conclusion serait trop radicale; nous avons déjà fait observer que, dans toutes les questions qui nous occupent pour le moment, il fallait tenir grand compte des conditions dans lesquelles la femme contracte; aussi croyons-nous que dans certains cas la femme peut acquérir sans autorisation.

Nous commencerons par reconnaître que la femme ne pourrait pas acquérir en contractant à cet effet des obligations personnelles; qu'elle ne pourrait acheter sans avoir de fonds disponibles dont elle veuille faire emploi; mais nous n'en dirons pas de même d'une acquisition de meubles corporels ou incorporels ou d'immeubles que la femme fait au comptant, avec ses capitaux actuels et dans les limites de ses ressources présentes, sans contracter, par son acquisition, aucun enga-

gement pour l'avenir. En effet, l'art. 1449 permet
à la femme de faire des actes d'administration ;
or, l'acquisition à titre onéreux, dans les limites
où nous l'admettons, constitue bien un acte d'administration. C'est un emploi de son capital que
la femme peut faire (1).

Cette solution, admise par tout le monde quant
aux meubles, est très-discutée quant aux immeubles. Ne pourrait-on même pas aller plus loin et
dire que dans certains cas l'acquisition d'un immeuble, quoique ne constituant pas un véritable
placement de fonds, peut être regardée comme un
acte d'administration et déclarée valable? Il nous
semble qu'on peut trouver telle hypothèse dans
laquelle l'acquisition d'un immeuble sera un véritable acte d'administration ; il suffit, par exemple, de supposer que la femme propriétaire d'un
immeuble achète une servitude de passage, indispensable à l'exploitation de son fonds ou par
suite de laquelle la valeur de ce fonds est augmentée. Une telle acquisition constitue bien un
acte de bonne administration, et nous sommes
convaincus qu'elle doit rentrer dans les actes
permis à la femme.

Nous dirons aussi, contrairement à M. Demolombe, que la femme pourrait, en vertu de son
droit d'administration, acheter un usufruit ou

____

(1) Demolombe, t. IV, n° 157.

placer ses capitaux à rente viagère. M. Demolombe soutient qu'un tel acte ne peut être considéré comme un emploi ; qu'il y a là aliénation d'un capital perdu sans retour, aliénation qui n'est pas exempte de dangers. Nous répondons que, quoi qu'il en soit des inconvénients que peut entraîner notre système, l'aliénation du capital qui forme le prix de l'usufruit ou de la rente viagère, étant un placement de fonds, en l'absence de toute règle qui impose à la femme de faire un emploi déterminé de ses capitaux, nous ne pouvons lui retirer le droit de choisir ce mode de placement s'il lui paraît le plus utile à ses intérêts (1).

Elle peut transiger sur les difficultés relatives à l'administration de ses biens et à son mobilier. En effet, d'après l'art. 2045 du Code civil, « pour transiger il faut avoir la capacité de disposer des objets compris dans la transaction. » Or, la femme a la libre disposition de son mobilier, elle peut donc transiger sur les dispositions qui sont relatives à ce mobilier, bien entendu dans la limite de son droit d'aliéner et d'administrer (2).

Acquiescer aux demandes relatives à ses meubles et à l'administration de ses immeubles (3).

---

(1) Troplong, t. II, n° 1422 ; Aubry et Rau, t. V, § 516, texte et note 59 ; Paris, 17 mai 1831 ; Caen, 17 juillet 1858. — Contra Demolombe, t. IV, n° 153.

(2) Duranton, t. XVIII, n° 409 ; Troplong. Des transactions, art. 2045, 2046, n° 51 ; Demolombe, t. IV, n° 739.

(3) Rolland de Villargues, Rép. du not., v° Acquiescement, n°° 13 et 14.

Consentir des baux à loyer ou à ferme pour une durée qui n'excède pas neuf ans. Sauf le droit pour les tribunaux de valider dans certains cas ceux qui seraient d'une plus longue durée.

Disposer de son mobilier quel qu'il soit, corporel ou incorporel, et l'aliéner; par conséquent, céder et transporter ses créances et autres droits mobiliers. Remarquons que ce droit pour la femme d'aliéner son mobilier n'est qu'une conséquence des pouvoirs d'administration qui lui sont accordés. Bien qu'ainsi restreint aux actes d'administration, le droit pour la femme séparée de biens d'aliéner son mobilier peut encore aller très-loin. Il peut s'étendre à des aliénations qui, au fond, ne sont point de véritables actes d'administration, mais qui devront cependant être maintenues, en raison de la bonne foi des tiers. Ces tiers sont le plus souvent dans l'impossibilité de vérifier les causes de l'aliénation, de bien voir si la femme ne dépasse pas les limites d'une administration proprement dite. Leur sécurité doit être assurée, sans quoi, personne ne voulant traiter avec la femme, son droit d'administrer seule serait souvent fort entravé. Ce droit entraînera sans doute des conséquences regrettables quelquefois, mais inévitables. Les tribunaux ont un pouvoir discrétionnaire pour apprécier, d'après les circonstances, si l'aliénation du mobilier rentre ou non dans les bornes de l'administration confiée

à la femme, et si les tiers ont été de bonne foi.
Ils devront toujours s'attacher au principe que le
droit d'aliéner le mobilier n'a été concédé à la
femme que comme un moyen d'administration, et
prononcer sans hésiter la nullité d'une aliénation
mobilière qui serait d'une nature telle que les tiers
n'eussent raisonnablement pas pu se faire d'illusion (1).

De ce que nous venons de dire on doit tirer
cette conséquence, que la femme ne peut jamais
disposer de son mobilier à titre gratuit, car le
droit d'administrer, si étendu qu'il soit, ne com-
porte pas celui de donner. Nous avons déjà dit (2)
que telle était notre opinion, et que nous repous-
sions le système d'après lequel l'art. 1449, accordant à la femme séparée de biens, dans les terme
les plus absolus, le droit de disposer de son mobilier et de l'aliéner, lui permet, dès lors, d'en disposer et de l'aliéner même à titre gratuit (3). Un
tel système est évidemment contraire à l'esprit de
l'art. 1449, qui n'accorde à la femme le droit de disposer de son mobilier que comme une conséquence
et un moyen de la libre administration qu'il lui
accorde.

Mais, tout en admettant en principe que la

(1) Marcadé, sur l'art. 1449, n° 3 ; Troplong, t. II, n° 1417 à
1419 ; Demolombe, t. IV, n° 155.
(2) Voir supra, page 147.
(3) Delvincourt, t. II, p. 58, note 16.

femme ne peut faire une donation sans excéder
les limites de l'administration qui lui est permise,
on lui permet en général de faire seule ces dons
modiques se prélevant, d'ordinaire, sur les revenus, qui, vu les usages et les convenances, sont
parfois des dépenses obligées et que la loi dispense du rapport dans l'art. 852 (1). Nous croyons,
quant à nous, qu'ici encore, ce sera une question
de fait. Telle donation pourra être permise si elle
est faite par une femme dont la fortune est considérable, car, alors elle n'est prise que sur les
revenus, et ne diminue pas le capital; et devra,
au contraire, être déclarée nulle, si elle est faite
par une femme dont elle absorbe complétement
les revenus ou entame le capital. Tout est relatif
en cette matière, et nous croyons qu'il appartiendra aux tribunaux de décider suivant les circonstances.

La femme séparée de biens peut contracter
des emprunts, et, en général, s'obliger d'une manière quelconque pour cause d'administration de
ses biens; par-exemple, pour faire faire à ses immeubles des dépenses d'entretien ou pour se procurer les objets nécessaires à son usage.

Mais, l'exécution ainsi valablement contractée
par la femme sera-t-elle exécutoire sur tous ses
biens, soit meubles, soit immeubles? C'est une
question fort controversée.

(1) Demolombe, t. IV, n° 150.

On peut dire, d'un côté, que, la loi ayant défendu à la femme mariée d'aliéner directement ses immeubles sans autorisation, ce serait la violer que de permettre à la femme de les aliéner indirectement sans autorisation, en décidant que l'obligation sera exécutoire sur ses immeubles; que, d'ailleurs, il semble résulter de l'art. 2124 qu'une personne incapable d'aliéner certains biens ne peut engager ces mêmes biens par ses obligations (1).

Disons, au contraire, que le droit pour la femme séparée de biens, d'engager même ses immeubles par ses obligations, résulte implicitement de l'article 1449, qui lui donne la libre administration de ses biens. Ce serait rendre l'administration de sa fortune impossible, que de lui défendre de contracter des obligations personnelles pour cette administration. L'art. 2092 nous fournit un argument très-fort; il dit que « quiconque s'est obligé personnellement est tenu de remplir son engagement sur ses biens mobiliers et immobiliers présents et à venir. » Nous ne voyons nulle part d'exception en ce qui concerne la femme séparée de biens; or, si elle peut s'obliger en ce qui concerne l'administration, c'est donc que ses obligations sont exécutoires sur tous ses biens, même sur ses immeu-

(1) Marcol, *De la sép. de corps*, ch. IV, n° 21; Marcadé, sur l'art. 1449, n° 3.

bles (1). Telle est l'opinion qui nous paraît devoir
être admise en théorie. Mais, pratiquement, celui
qui traite avec la femme séparée agira prudemment en la faisant autoriser, s'il estime que la
dette contractée envers lui sera d'une importance
telle que les meubles et les revenus des immeubles de la femme ne seront pas suffisants pour
lui en garantir le paiement.

Tout en admettant que les obligations de la
femme séparée de biens sont exécutoires sur ses
immeubles aussi bien que sur ses meubles, nous
ne dirons pas qu'elle puisse hypothéquer ses immeubles pour garantie des obligations qu'elle
contracte pour cause d'administration. Il résulte
de l'art. 2124 que la capacité d'hypothéquer
est toute spéciale et qu'il faut pouvoir non-seulement s'obliger personnellement, mais encore
aliéner d'une manière absolue l'immeuble qu'il
s'agit d'y soumettre. Hypothéquer est toujours
un acte très-grave; de plus, c'est un moyen auquel il n'est que très-rarement indispensable de
recourir pour administrer une fortune; moyen
qui altère le crédit du débiteur. Aussi voyonsnous que la loi a refusé le droit d'hypothéquer à
des personnes auxquelles elle a accordé le droit
d'administrer. C'est ainsi que le tuteur ne peut
hypothéquer, même pour cause d'administration,

(1) Duranton, t. II, n° 492; Valette sur Proudh., t. I, p. 445;
Rodière et Pont, *Du contrat de mariage*, t. II, n° 800; Demolombe, t. IV, n° 161.

les immeubles de son pupille, et que le mineur émancipé ne peut consentir une hypothèque. Nous maintiendrons donc cette règle pour la femme mariée (1).

La femme séparée de biens ne peut sans autorisation faire les actes qui dépassent les limites d'une véritable administration ; elle ne peut donc :

Ester en jugement (art. 215 et 216), quels que soient l'objet et la nature de l'action qu'elle voudrait intenter ou qui serait dirigée contre elle, même relativement à des actes qu'elle peut faire sans autorisation en vertu de son droit d'administration.

Compromettre même sur les difficultés relatives à l'administration de ses biens et à son mobilier. Le motif qui nous décide à admettre cette solution malgré l'article 1003 du Code de procédure d'après lequel : « Toutes personnes peuvent compromettre sur les droits dont elles ont la libre disposition. » C'est que, d'après l'art. 1004 de ce même Code, on ne peut compromettre « sur aucune des contestations qui seraient sujettes à communication au ministère public. » Or, d'après l'art. 83, les causes des femmes non autorisées de leurs maris sont sujettes à communication. Il nous paraît donc exact de dire qu'elles ne sont pas susceptibles de donner lieu à un com-

---

(1) Proudhon et Valette, t. II, p. 435-437; Duvergier sur Toullier; Demolombe, t IV, n° 162.

promis. De plus, la femme même séparée de biens ne peut ester en jugement sans autorisation, et compromettre, c'est, à certains égards, plaider. On ne peut lui défendre d'un côté de plaider, et lui permettre, d'un autre côté, de faire un compromis (1).

Acquérir à titre gratuit (art. 217, 934).

Acquérir à titre onéreux, à moins que ce ne soit à titre de placement de fonds actuellement disponibles (art. 217 et 1449).

Aliéner ses immeubles à titre onéreux ou à titre gratuit, les grever de servitudes ou d'hypothèques, ni les engager par voie d'antichrèse.

Aliéner son mobilier ni s'obliger même sur son mobilier autrement que pour cause d'administration de ses biens. Nous repoussons l'opinion qui tire de la faculté accordée à la femme d'aliéner ses meubles cette conséquence, qu'elle peut engager ces mêmes meubles par ses obligations étrangères à l'administration. En effet, d'après l'art. 217, la femme est incapable d'aliéner et de s'obliger sans autorisation. L'art. 1449 apporte, il est vrai, une exception à ce principe et permet à la femme d'aliéner son mobilier; mais cette idée n'est qu'une conséquence de celle qui est énoncée dans le commencement de l'article, à savoir, que la femme a la libre adminis-

____

(1) Demolombe, t. IV, n° 160. — *Contra* Boitard, *Procédure civile*, t. II, n° 384.

tration de ses biens. La loi a eu simplement pour but de décider que l'aliénation directe et actuelle rentre ordinairement dans les pouvoirs de libre administration; elle n'a pas voulu permettre à la femme d'aliéner son mobilier en exécution des obligations qu'elle contracte en dehors de l'administration de ses biens.

La femme ne peut donc faire, d'après nous, ni emprunts, ni baux d'une durée de plus de neuf années, ni contracter une obligation de faire, comme un engagement dramatique. C'est, d'ailleurs, aux magistrats qu'il appartiendra d'apprécier, d'après toutes les circonstances, si l'acte fait par la femme excède ou non les limites de l'administration qui lui est permise (1).

La femme ne pourrait pas non plus accepter un mandat, en tant qu'on voudrait en faire résulter contre elle quelque engagement; en ce sens que, si la femme peut bien, sans autorisation, accepter et remplir un mandat qu'elle tient directement de la loi, comme, par exemple, exercer les droits de puissance paternelle sur ses enfants; que si elle peut même accepter un mandat ordinaire donné par un tiers, elle ne peut sans autorisation remplir ce mandat et contracter aucune obliga-

(1) Valette sur Proudh., t. I, p. 463; Demolombe, t. IV, n° 143, 144, 145; Marcadé, sur l'art. 1449; Troplong, *Contrat de mariage*, t. II, n° 1410-1420; Paris, 2 mai 1810 et 1er juin 1821; Aix, 23 juin 1824; Grenoble, 14 juin 1825; Cass., 5 mai 1829 et 3 janvier 1831; Caen, 6 mars 1844; Nancy, 24 juin 1834; Poitiers, 3 février 1858; Paris, 12 mai 1859.

tion personnelle, soit envers les tiers, soit envers le mandant.

C'est par application de ces principes qu'on a toujours décidé que la femme obligeait son mari sans s'obliger elle-même par les obligations qu'elle contracte pour les besoins du ménage. L'étendue de ce mandat conféré tacitement par le mari à sa femme, est une question de fait et d'appréciation subordonnée à la position des époux, à leur fortune et à leurs habitudes.

Nous avons passé en revue les différents actes que la femme séparée de biens peut faire et ceux qu'elle ne peut faire, en vertu de son droit d'administration, et nous avons indiqué la solution qui nous paraît convenir à chaque hypothèse. Mais en terminant, nous tenons à répéter ce que nous avons déjà dit à plusieurs reprises dans le cours de cette section, à savoir, que, dans tous les cas, les tribunaux ont un pouvoir discrétionnaire pour apprécier, d'après les circonstances, si tel ou tel acte excède ou non les limites de l'administration conférée à la femme.

SECTION II.

CONDITION DE LA FEMME MARIÉE SOUS LE RÉGIME DOTAL.

La fortune de la femme mariée sous ce régime quand elle s'est constitué des biens en dot ou qu'on lui a fait des donations par contrat de mariage, se décompose en deux parties : certains biens sont dotaux, d'autres sont paraphernaux. La femme conserve l'administration et la jouissance de ces derniers ; quant à eux, sa position est la même que si elle était séparée de biens. Tout ce que nous venons de dire de la femme séparée de biens s'applique donc à la femme dotale pour ses paraphernaux ; nous n'avons pas à y revenir.

Pour les biens dotaux, sa situation n'est pas la même ; elle en conserve, il est vrai, la propriété, mais l'administration et la jouissance en appartiennent au mari, comme sous le régime sans communauté.

Toutefois, le régime dotal vient encore apporter une modification importante à la situation de la femme, par la défense qui lui est faite dans l'art. 1554. d'aliéner l'immeuble dotal, même avec le consentement de son mari.

Le but de cette inaliénabilité, d'origine romaine, s'est transformé avec le temps. A Rome, le système dotal se rattachait au divorce, à la faveur des secondes noces et aux lois caducaires. La loi Julia, rendue sous Auguste, en défendant au mari d'aliéner l'immeuble dotal sans le consentement de sa femme, et de l'hypothéquer, même avec ce consentement, avait en vue un intérêt d'ordre public. Justinien étendit cette loi à tout l'empire, et défendit l'aliénation comme l'hypothèque, même avec le consentement de la femme. Dans notre ancien droit, l'inaliénabilité des biens do-

taux était surtout destinée à empêcher les aliénations indirectes, aussi n'admettait-on pas que les
obligations contractées par la femme durant le
mariage pussent être exécutées sur le fonds dotal
même après la dissolution de ce mariage. Aujour-
d'hui, le régime dotal ne présente plus d'utilité
qu'en cas de ruine du mari.

Ainsi, les immeubles dotaux ne peuvent être
vendus par la femme, quand bien même elle serait autorisée de son mari. Une question fort débattue autrefois était celle desavoir si l'inaliénabilité des biens dotaux provient de leur qualité de
dotaux, ou de l'incapacité de la femme. Aujour-
d'hui, tout le monde paraît s'accorder à dire que
l'inaliénabilité du fonds dotal tient à l'incapacité
de la femme dotale, et qu'elle est de statut personnel et non de statut réel.

En effet, sous ce régime, la femme est incapable
d'aliéner ses biens ; toute aliénation consentie par
elle pourrait être attaquée pendant dix ans par
l'action révocatoire ; si l'aliénation avait été opé-
rée par le mari, la femme agirait par la revendication.

D'autoriser son mari à aliéner ; si le mari avait
consenti une action avec mandat de la femme,
cette aliénation pourrait être attaquée par l'action
révocatoire.

D'hypothéquer les biens dotaux.

De les engager par ses obligations.

La femme ne peut donc, dans notre droit actuel, aliéner directement ou indirectement l'immeuble dotal, quoique d'accord avec son mari; elle ne peut non plus disposer d'aucune portion de ses reprises dotales, ni abandonner les hypothèques qui les garantissent. Ajoutons que cela n'est pas restreint à la dot constituée sous le régime dotal proprement dit, tel qu'il est organisé par les art. 1540 et suivants du Code civil; car la jurisprudence reconnaît avec raison que le régime dotal peut se combiner avec d'autres, et que dans ces régimes mixtes ou composites tout ou partie des biens dotaux, c'est-à-dire des biens qui sont confiés au mari, peut être déclaré inaliénable dans le sens des règles que nous venons d'exposer rapidement.

Mais doit-on dire que, quant à ses biens dotaux, la femme peut valablement se rendre incapable de contracter certaines obligations?

Un arrêt de la cour d'appel de Paris (1), du 17 novembre 1875, a conclu à l'affirmative. Il s'agissait, dans l'espèce, d'une femme séparée de biens qui avait cautionné son mari. L'arrêt décide que la femme a pu valablement, dans son contrat de mariage, « s'interdire le droit de s'engager pour son mari ou de payer pour son compte aucune dette directement ou indirectement, » et

---

(1) Cour d'appel de Paris, 3e chambre, 17 novembre 1875.

qu'en conséquence les obligations contractées par la femme, contrairement aux clauses prohibitives du contrat de mariage, doivent être déclarées nulles.

Cet arrêt extraordinaire et sans précédents a été combattu par M. Valette dans un remarquable article publié dans le journal *le Droit*, numéro du 9 mars 1876, dont nous nous sommes inspiré pour toute cette section relative à la femme dotale.

Notre éminent professeur s'élève avec force contre la doctrine de la Cour de Paris, et les arguments ne lui manquent pas pour la combattre.

Tout d'abord, les lois qui régissent la capacité des personnes sont d'ordre public ; or, aux termes des art. 1131 et 1133, il est défendu d'y déroger, et les conventions qui sont contraires à cette défense ne doivent avoir aucun effet.

Nous savons de plus que, d'après les art. 217 et suivants, la femme mariée est, en principe, capable de contracter avec l'autorisation de son mari. Une seule exception à cette règle consiste dans la liberté accordée à la femme d'adopter, en se mariant, le régime dotal, cas auquel elle ne peut aliéner l'immeuble dotal, même avec l'autorisation de son mari. Le droit, pour le mari, d'autoriser sa femme à contracter est d'ailleurs un droit inhérent à la puissance maritale ; dès lors, par application de l'art. 1388, les époux ne sont pas libres d'y déroger.

La femme ne pourrait pas davantage, en se mariant, se déclarer incapable de contracter, avec autorisation de justice, lorsque son mari refuse ou est dans l'impossibilité de lui donner son autorisation. Personne ne peut disposer à volonté de son état et de se rendre pour l'avenir capable ou incapable de s'obliger ; la capacité ou l'incapacité d'une personne est indépendante de sa volonté.

On voit que l'arrêt dont nous nous occupons est contraire à bien des principes et à bien des textes du Code civil. En l'absence même de ces arguments si décisifs, il suffirait, pour repousser cette doctrine, de voir à quelles conséquences inadmissibles elle peut entraîner. Il faudrait logiquement admettre que la femme pourrait, par son mariage, se rendre incapable de faire toute espèce d'actes, soit avec le mari, soit avec les tiers. Or, cette conséquence n'est certainement admise par personne.

Disons donc avec M. Valette : « que la capacité des personnes n'est pas dans le domaine des conventions, mais tient à l'ordre public, et que les femmes mariées ne sont incapables que dans les cas exprimés par la loi. »

L'inaliénabilité du fonds dotal peut exposer les tiers à d'incessantes surprises ; et, avant la loi du 10 juillet 1850, présentait pour eux de graves inconvénients.

Avant cette loi, aucune publicité n'était requise pour les contrats de mariage des non-commerçants, et cela donnait lieu à un genre de fraude très-fréquent qui était celui-ci :

Une personne est sur le point d'acheter un immeuble appartenant à une femme mariée. L'efficacité de la vente qui va avoir lieu dépendra du régime sous lequel la femme est mariée. Si elle est mariée sous le régime de communauté, le régime sans communauté ou le régime de séparation de biens, les biens de la femme restant aliénables, la vente sera valable, si la femme a été autorisée de son mari ou de justice. Si, au contraire, la femme est mariée sous le régime dotal, l'immeuble dotal étant inaliénable, la vente ne sera pas valable, quand bien même la femme aurait été autorisée de son mari ou de justice. Le tiers a donc intérêt à savoir sous quel régime la femme est mariée. Si la femme répond qu'elle est mariée sous le régime de communauté, le tiers, s'il est prudent, consultera le contrat et constatera si la femme est réellement commune. Mais elle peut répondre qu'elle n'a pas fait de contrat, et le tiers, qui n'a aucun moyen de vérifier l'exactitude de cette déclaration, doit s'en rapporter à la femme et se dire que, n'ayant pas fait de contrat, elle est mariée sous le régime de communauté légale; puis, au moment où, comptant sur l'efficacité de la vente, il paie son prix et réclame de la femme l'exécution de son obligation de livrer l'immeuble, celle-ci lui oppose sa qualité de femme dotale et l'inaliénabilité be l'immeuble. Ce fait s'était souvent présenté.

On voit quels inconvénients présentait le défaut de publicité.

Le législateur de 1850 s'est proposé de donner aux tiers un moyen de contrôler le dire de la femme, en leur permettant de s'aasurer par eux-mêmes si la femme avait fait un contrat ou si réellement elle n'en avait pas fait. Nous allons indiquer en peu de mots les dispositions principales de cette loi importante.

D'après l'art. 1394 modifié du Code civil, le notaire doit délivrer aux parties, au moment de la signature du contrat, un certificat sur papier libre et sans frais, indiquant les noms et résidences du notaire et des époux, ainsi que la date du contrat ; les époux doivent présenter ce certificat à l'officier de l'état civil au moment de la célébration du mariage ; de plus, l'officier de l'état civil doit interpeller les époux ainsi que les personnes autorisant le mariage, pour leur demander s'il a été fait un contrat et mentionner leur réponse sur l'acte de mariage.

Les registres de l'état civil sont publics, le tiers peut donc aller demander un extrait ; il n'y trouvera pas l'indication du régime sous lequel la femme est mariée, mais il y verra s'il y a eu ou non un contrat, et pourra exiger de la femme que le contrat lui soit présenté.

Si les formalités exigées par la loi de 1850 ont été observées, la publicité existant, le contrat de mariage, efficace entre les époux, l'est aussi à l'égard des tiers.

Mais il peut se faire que la loi n'ait pas été observée ou que les époux aient voulu s'y soustraire par une fraude.

D'abord, si les formalités n'ont pas été remplies, la sanction consiste dans une amende contre le notaire qui n'a pas remis aux parties le certificat, ou contre l'officier de l'état civil qui n'a pas fait l'interpellation. Mais l'inobservation de la loi n'influe en rien sur l'efficacité des conventions matrimoniales ; le contrat produira son effet contre les époux et vis-à-vis des tiers dont l'inexécution de la loi doit mettre l'attention en éveil.

S'il y a eu un contrat de mariage, et si les époux ont déclaré mensongèrement qu'il n'y en avait pas eu, le contrat de mariage continuera bien à avoir ses effets entre les époux, mais, d'après l'art. 1391 modifié, « la femme sera réputée, à l'égard des tiers, capable de contracter dans les termes du droit commun. »

Ces mots de l'art. 1391 ne veulent pas dire que les tiers auront le droit de considérer la femme comme mariée sous le régime de la communauté légale. Il faut les entendre en ce sens que la femme en pourra pas invoquer contre les tiers l'incapacité particulière résultant du régime dotal; c'est la seule qui soit en dehors du droit commun, et qui ne puisse être levée par l'autorisation du mari ou de justice, car elle est le résultat d'une convention matrimoniale (1).

La loi aurait pu décider que, dans le cas où les époux ont déclaré qu'ils n'ont pas fait de contrat, le tiers sera autorisé à considérer la femme comme mariée sous le régime de communauté légale; elle ne l'a pas fait. Le contrat continuera à avoir ses effets entre les époux, mais la femme ne pourra opposer aux tiers l'inaliénabilité résultant du régime dotal. Mais, nous le répétons, les conséquences de la loi ne vont pas plus loin, et, pour ne citer qu'un exemple, si les époux ont déclaré faussement qu'ils n'ont pas fait de contrat, et si, en réalité, ils sont mariés sous le régime de séparation de biens, le tiers qui prend à bail du mari un immeuble de la femme, fait un acte qui n'est pas valable, car la femme séparée de biens a l'administration de sa fortune, et, par conséquent, a seule le droit de faire des baux. Le tiers, dans ce cas, n'a pas été trompé par l'incapacité spéciale résultant du régime dotal.

(1) Rapport à l'Assemblée nationale, présenté par M. Valette, le 11 juin 1850, 2e partie, n° 3.

TABLE DES MATIÈRES

FIN.

ERRATA

Page 14, ligne 3, au lieu de : c'est-à-dire l'intercessio, lisez :
c'est-à-dire définir l'intercessio.

— 22, — 9, au lieu de : fera l'objo, lisez : fera l'objet.

— 26, — 19, au lieu de : et dire qu', lisez : et dire qu'il.

— 31, — 7, au lieu de : non demandit, », lisez : non de-
mandi, ».

— 42, — 16, au lieu de : débitrice du délégant, lisez : débitrice du délégant.

— 54, — 12, au lieu de : distinctiones exulere, lisez : distinctiones exulare.

— 77, — 11, au lieu de : que s'il s'est obligé, lisez : s'il
s'est obligé.

— 83, — 20, au lieu de : aut si ea venditio, lisez : aut si ea
venditio.

— 84, — 13, au lieu de : quam quo agitur, lisez : eum quo
agitur.

— 89, — 15, au lieu de : successeurs du défunt, lisez : successeurs de ce débiteur.

— 92, — 18, au lieu de : elle ne peut s'étendre, lisez : elle
ne peut s'éteindre.

— 103, — 3, au lieu de : cite le passage, lisez : cite ce
passage.

— 124, — 17, au lieu de : a, lisez : la.

— 152, — 5, au lieu de : L'art. 270, lisez : L'art. 220.

— 153. Les lignes 21 et 22 doivent être placées au bas de la
page et deviennent par consé-
quent les lignes 24 et 25, lire
ainsi : M. Demolombe . . . .
des œuvres littéraires ou à faire
représenter. . . . . .

— 211, — 9, au lieu de : rendrait, lisez : rendait.

— 216, — 2, au lieu de : sera-t-il, lisez : sera-t-il.